DIEGO GARDÓN DANIEL BAER TILMANN PESCHEL (FOTOS)

Land & WERKEN

ESSBARE WILDPFLANZEN

ERKENNEN · SAMMELN · GENIESSEN

HEEL

INHALT

FLUSSLANDSCHAFTEN 54

IM WINTER 62

PFLANZENPORTRAITS 70

WEITERFÜHRENDE LITERATUR 119

AUTOREN-BIBLIOGRAFIE 120

VORWORT

Wir möchten unseren Leserinnen und Lesern mit diesem Buch einen Einblick in die Schönheit und das vielseitige Potential unserer heimischen essbaren Wildpflanzen geben. In erster Linie soll es Lust machen, sich Zeit für die Natur zu nehmen und erhebt nicht den Anspruch, ein allumfassendes Nachschlagewerk zu sein.

Es sind Kräuter wie Giersch, Brennnessel, Knoblauchsrauke, Melde, Dost oder Taubnessel, die wir gesammelt und verarbeitet haben – allesamt Pflanzen, die heute oft in Vergessenheit geraten oder als „Unkraut" verpönt sind und kaum mehr verwendet werden. Sie enthalten aber viel mehr wertvolle Inhaltsstoffe als Produkte aus der konventionellen Landwirtschaft.

Außerdem haben viele Wildpflanzen eine heilende Wirkung auf unseren Organismus. Auch kulinarisch haben sie viel zu bieten. Wir stellen hier einige besonders schmackhafte Wildpflanzen vor, die in vielen Regionen zu finden sind. Mit praktischen Beispielen und Rezepten für unterwegs und zuhause, wollen wir dazu inspirieren, eigene Erfahrungen mit diesen besonders wertvollen Lebensmitteln zu machen. Es geht uns auch darum, zu zeigen wie einfach man Wildpflanzen in die eigene Kochpraxis integrieren kann.

Einige der Rezepte sind bei unseren Seminaren entstanden, manche sind Klassiker, die wir mit Wildpflanzen kombiniert haben und wieder andere haben wir auf unseren Streifzügen improvisiert. Die Pflanzenportraits im letzten Teil des Buches helfen beim Bestimmen und liefern wichtige Rahmeninformationen über die Pflanzen und deren Verwendung.

„Essbare Wildpflanzen. Erkennen, Sammeln, Genießen" soll als Begleiter dienen – Zuhause zur Vorbereitung auf eine Kräuterwanderung, genauso wie unterwegs um Anregungen zu finden, wie die gesammelten Pflanzen bei der nächsten Rast zu einem Picknick veredelt werden können. Und für den Fall, dass etwas übriggeblieben ist, finden sich zahlreiche Tipps und Vorschläge wie man die Pflanzen weiterverarbeiten und haltbar machen kann.

VIEL SPASS BEIM ENTDECKEN UND GENIESSEN

DIEGO & DANIEL

SAMMELTIPPS

VOR DEM SAMMELN – GEDANKEN ZUR VORBEREITUNG

Bevor man sich aufmacht um Wildpflanzen zu sammeln, sollte man sich einige wichtige Punkte bewusst machen.

Wichtig für das Sammeln von Pflanzen ist die richtige Ausrüstung:

- Taschenmesser
- ein Sammelkorb (Hat man diesen einmal nicht zur Hand, kann man sich auch mit einer Stofftasche behelfen. Will man auch Samen oder Wurzeln sammeln, sollte man dafür separate Behältnisse mitnehmen.)
- Klappspaten o.Ä., wenn man auch Wurzeln sammelt
- Bestimmungsbücher
- den Wetter- und Ortsbedingungen angemessene Kleidung (festes Schuhwerk, lange Hose, Kopfbedeckung etc.)
- ausreichend Wasser (Im Sammelfieber kann man schon einmal die Zeit und wichtige Grundbedürfnisse vergessen.)
- Müllbeutel (Die Natur schenkt uns so vieles. Zum Dank kann man nicht nur seinen eigenen Müll wieder mitnehmen, sondern auch den, den man unterwegs findet!)

Wildpflanzen sollte man, ähnlich wie auch zum Beispiel Pilze, mit großem Respekt und aller gebotenen Um- und Vorsicht sammeln, denn auch im Pflanzenreich gibt es einige, zum Teil sehr giftige Vertreter. Nicht selten sehen diese ihren essbaren Verwandten zum Verwechseln ähnlich. Ein zu argloser Umgang mit Wildpflanzen kann zu tragischen Unfällen führen! Daher empfiehlt es sich unbedingt, mit genügend Zeit und Achtsamkeit vorzugehen: Pflanzen für den Verzehr genau zu bestimmen, ist mitunter nicht ganz einfach.

Pflanzen derselben Art können, je nach Jahreszeit und Bedingungen des Standortes (Lichtsituation, Bodenbeschaffenheit, Wasser- und Nährstoffversorgung, geschützte oder exponierte Lage, Schädlinge, Krankheiten u.a.), im äußeren Erscheinungsbild und im gesamten Entwicklungszyklus sehr unterschiedlich ausfallen. Die unterschiedlichen Bedingungen haben Auswirkungen auf Größe, Form, Farbe, Geruch, Geschmack, Blütezeit, Fruchtbildung etc. Auch durch den Eingriff des Menschen, etwa durch Mahd, oder durch Fraß von Tieren können sich z. B. natürliche Entwicklungsrhythmen verschieben und verändern.

Daher ist es ratsam, die Pflanzen in ihren unterschiedlichen Variationen genau zu beobachten.

Es empfiehlt sich, zum Bestimmen möglichst mehrere verschiedene Referenzwerke zu verwenden, da in unterschiedlichen Nachschlagewerken die Pflanzen in verschiedenen Phasen ihrer Entwicklung und in unterschiedlicher Erscheinungsform gezeigt werden.

Richtig sicher wird man erst, wenn man sich Informationen aus unterschiedlichen Quellen angeeignet, und diese in Natura mehrfach überprüft und wiederholt hat. Idealerweise sollte man sich zusätzlich bei geführten Kräuterwanderungen, Pflanzenausstellungen oder Seminaren solides Praxiswissen aneignen. Hier kann man Unsicherheiten durch direktes Fragen aus dem Weg räumen. Außerdem wird Wissen, das praxisbezogen vermittelt wird, besser und nachhaltiger gespeichert.

WANN, WO UND WIE?

Besonders wichtig ist uns daran zu erinnern, die Natur zu achten und zu respektieren. Wir sind immerhin ein Teil davon, das hat also auch sehr viel mit Selbstachtung zu tun.

Bitte versucht, beim Aufenthalt in der Natur möglichst wenige Spuren zu hinterlassen.

WANN SAMMLE ICH?

Jede Pflanze hat ihre idealen Erntezeitpunkte, die sich nach komplexen individuellen Faktoren richtet.
Diese Sammeltipps sind also eher allgemeine Richtwerte:

- Wildpflanzen, die man als aromatisches Gewürz trocknen möchte, sammelt man am besten bei trockener Witterung.
- Die beste Tageszeit dafür ist von morgens, wenn sich der Morgentau verflüchtigt hat, bis zum frühen Nachmittag, da dann bei den meisten Pflanzen die Stoffwechselaktivität auf dem Höhepunkt ist. Deshalb

sind die Aromen und Inhaltsstoffe zu dieser Zeit besonders intensiv und konzentriert.

- Ideal ist es bei vielen Pflanzen, Kraut und Blätter vor der Blütezeit zu besammeln, da die Pflanze danach einen Großteil ihrer Energie in die Blüte investiert.

- Wurzeln sammelt man in der Regel in vegetationsarmen Zeiten, etwa vom Herbst bis zum frühen Frühjahr, und zwar am besten abends, da dann das größte Kraftpotential in den Wurzeln konzentriert ist.

- Blüten sammelt man idealerweise vor ihrer kompletten Entfaltung, da sie danach oft schnell vergehen.

- Früchte sollte man im reifen, aber nicht überreifen Zustand ernten, um sie gut transportieren und gegebenenfalls lagern zu können, ohne dass sie verletzt und schnell schlecht werden.

WO SAMMLE ICH?

Die wichtigste Regel ist, an möglichst gesunden Orten zu sammeln.
Das bedeutet:

- Man sammelt nicht auf schadstoffbelasteten Böden, wie z. B. entlang von Bahnstrecken, Autobahnen oder Straßen, Industriegeländen und konventionellen Agrarflächen, auf denen Agrochemikalien wie Pestizide, Insektizide oder Herbizide eingesetzt werden.

- Zu Wegen sollte man Abstand halten, da hier die Pflanzen oft mit Kot oder Urin von Menschen und Haustieren belastet sind.

- Es ist ratsam, abseits von Wildwechseln (das sind die „Trampelpfade", die das Wild regelmäßig benutzt, z. B. auf dem Weg zu seinen Futter-und Wasserstellen) zu sammeln, um eine Kontaminierung mit den Eiern des Fuchsbandwurmes zu vermeiden, die sich über Fuchskot übertragen. Erwähnenswert ist in diesem Zusammenhang, dass dieses Risiko für die unterschiedlichen Regionen des deutschsprachigen Raumes unterschiedlich bewertet wird. Jeder muss dieses Risiko für sich selbst abwägen. Der Fuchs macht vor landwirtschaftlichen Flächen natürlich auch nicht halt, so dass das Risiko, sich beim Verzehr von im Freiland angebautem Gemüse zu infizieren, mindestens genauso hoch ist. Durch das Abkochen oder Durcherhitzen des Sammelguts können die Eier abgetötet werden. Die Vitamine aber auch. Wenn man beim Sammeln achtsam ist, sich Zeit nimmt und das Sammelgut, sowie den Sammelort mit allen Sinnen prüft, kann man das Risiko stark reduzieren.

WIE UND WAS SAMMLE ICH?

Wie auf dem Wochenmarkt gibt es auch in der Natur bei den Pflanzen unterschiedliche Qualitäten.

- Hat man einen Fund gemacht, sollte man zunächst einmal in der näheren Umgebung nachschauen, ob sich nicht etwas noch Besseres findet. In der Natur hat man die große Auswahl. Wir versuchen prinzipiell immer, nur die frischeste Qualität zu ernten. Auf dem Markt gibt man sich schließlich auch nicht mit dem erstbesten Gemüse zufrieden. Tut man es doch und entdeckt dann am Nachbarstand das gleiche Gemüse in viel besserer Qualität, ärgert man sich, und muss sich mit dem, was man hat, begnügen. So ist es auch in der Natur.

- Immer nur aus großen Beständen sammeln und das so, dass diese nicht gefährdet werden.
  Gibt es in der Region nur vereinzelte Exemplare einer Art, bitte alles stehen lassen.
  Nicht gleich die ganze Pflanze nehmen. Wenn man nur einige Teile nimmt, gibt man der Pflanze die Möglichkeit, sich zu regenerieren. So schont man den Bestand.

- Am besten sammelt man nur unbeschädigte, gesunde Pflanzenteile. Durch Beschädigungen, wie z. B. Fraßlöcher o.ä. gehen wertvolle Inhaltsstoffe, wie beispielsweise ätherische Öle verloren oder ändern sich, worunter Wirkung und Aroma der Pflanze leiden können.

- Immer nur so viel sammeln, wie man auch verarbeiten kann.

- Wenn man das Sammelgut trocknen möchte, sammelt man höchstens so viel, wie man in einem Jahr verbraucht. Danach lassen nämlich Aroma und Wirkung oft stark nach.

- Bedrohte und geschützte Arten sind zu schonen. Bevor man in einem bestimmten Gebiet sammelt, sollte man sich unbedingt über besonders geschützte Arten in diesem Areal informieren.

SUCHEN, FINDEN, GENIESSEN

ORTE ZUM SAMMELN

Aus unserer praktischen Erfahrung wissen wir, dass es bestimmte Gebiete gibt, an denen man besonders gut essbare Wildpflanzen finden kann, da sie über eine große Artenvielfalt verfügen.
Natürlich sammeln wir besonders gern da, wo wir reichlich und unterschiedliche Pflanzen finden, zum Beispiel in der Nähe von Fließgewässern, auf nährstoffreichen Wiesen, an Waldrändern oder im Nahbereich von landwirtschaftlich genutzten Flächen. Solche artenreiche Gebiete findet man im gesamten deutschsprachigen Raum, so dass jeder Interessierte in seiner näheren Umgebung ähnliche Orte mit ähnlichen Pflanzengesellschaften finden kann.

Einige dieser von uns gerne zum Sammeln aufgesuchten Orte werden wir im folgenden Teil vorstellen. Die essbaren Wildpflanzen die wir hier verwenden, sind vor allem Pflanzen, die sehr weit verbreitet und daher auch für Anfänger einfach zu finden sind. Die Orte, die wir zum Sammeln gewählt haben, verstehen sich quasi als pars pro toto – natürlich müsst ihr, um die angegebenen Pflanzen zu finden, nicht genau dort sammeln. Wir haben ganz bewusst Landschaften gewählt, die ihr mit ihren fürs Sammeln notwendigen Gegebenheiten und Charakteristika überall in Deutschland findet – auf unendlich vielen Wiesen, in Wäldern und an Gewässern.

Um ein möglichst breites Spektrum an Möglichkeiten zum Entdecken und Sammeln aufzuzeigen, stellen wir unterschiedliche Orte zu verschiedenen Jahreszeiten vor, nicht ohne auf einige gleichermaßen interessante wie auch einfache Zubereitungsmöglichkeiten einzugehen.

BUFFET IM FREIEN

Mit unseren Seminaren möchten wir Menschen für die heimische Natur begeistern.
Durch das gemeinsame sinnliche Erleben beim Sammeln, Kochen, Probieren, Entdecken und Experimentieren wird ein praktischer Zugang zu unserer natürlichen Umgebung geschaffen.

Unsere Gäste erwerben Basiskenntnisse über das vielfältige Potential der heimischen Pflanzenwelt und werden angeregt, aktiv Zeit mit der Natur zu verbringen. Denn nur, wer die Natur kennt und schätzt, schützt sie auch.

MEDITERRANES GÄNSEDISTEL-GEMÜSE

FÜR 2 PORTIONEN

- 10 kräftige, junge Stiele der rauen Gänsedistel mit den feinen Triebblättern
- 2 mittelgroße Tomaten
- 2 Bärlauchzwiebeln oder 1 Knoblauchzehe
- Olivenöl
- Salz
- etwas getrocknete und gemahlene Bärlauch-Samen
- etwas milder Kräuteressig

Die Distelstiele schälen und in grobe Stücke schneiden. Die Tomaten grob würfeln, die Bärlauchzwiebeln in Scheiben schneiden. Die Distelstiele und die Bärlauchzwiebeln in etwas Öl 1 Minute scharf anbraten, die Tomaten hinzufügen und kurz mitbraten. Vom Feuer nehmen und mit Salz, Bärlauch-Samen und sehr wenig Kräuteressig abschmecken.

Dazu passen zum Beispiel Gnocchi oder Weißbrot.

NACHTKERZEN-PASTINAKEN-WURZELGEMÜSE

Die Wurzeln mit einer Wurzelbürste gründlich säubern und kleinschneiden. Die Zwiebel würfeln und mit den Wurzeln in einer Pfanne mit Olivenöl anbraten. Die Dostzweige hinzufügen und auf mittlerer Flamme weitergaren. Nach 5 Minuten etwas Zucker drüberstreuen und kurz karamellisieren lassen. Mit einem Spritzer Essig ablöschen und die Tomaten dazugeben. Weitere 5 Minuten köcheln lassen.

Zum Schluss die Dostzweige entfernen und alles mit Salz und Knoblauchsrauke-Samen abschmecken.

FÜR 2 PORTIONEN

- 5 Nachtkerzenwurzeln
- 1 Pastinakenwurzel
- 1 kleine Zwiebel
- Olivenöl
- 3 Zweige frischer Dost
- 1 Prise Zucker
- etwas milder Kräuteressig
- 1 Handvoll Kirschtomaten
- Salz
- gemahlene Knoblauchsrauke-Samen (oder Pfeffer)

MELONEN-SUSHI
MIT STEINKLEE-ÖL UND WILDEM MEERRETTICH

FÜR 2 PORTIONEN

Für den Reis:

- 200 g Sushi-Reis
- 250 ml Wasser
- 2 EL Reisessig
- 1 TL Zucker
- 1 Prise Salz

Für die Melonen-Zubereitung:

- 500 g Wassermelone
- 150 ml Sojasauce
- 1 EL Steinklee-Öl (1 Handvoll getrocknete Steinklee-Blüten mit 1 l Olivenöl angesetzt) oder Sesamöl

Für das Topping:

- 4 junge Blätter Meerrettich mit Stiel

Den Backofen auf 100 °C vorheizen. Die Wassermelone in große Stücke schneiden (ohne Schale), mit einem Messer entkernen und anschließend für 1 Stunde auf einem Blech mit Backpapier backen.

Die Sojasauce und das Steinklee-Öl mischen, die Melonenwürfel in Scheiben schneiden und mit der Sauce marinieren. Über Nacht in den Kühlschrank stellen.

Am nächsten Tag den Reis in einem feinen Sieb gründlich unter fließendem Wasser abspülen, dann mit den 250 ml Wasser kurz aufkochen. Nun bedeckt bei sehr kleiner Hitze ca. 10 Minuten quellen lassen. Vom Herd nehmen und ohne Deckel abkühlen lassen. In der Zwischenzeit den Essig mit Zucker und Salz kurz aufkochen, wieder abkühlen lassen und mit dem abgekühlten Reis vermengen.

Den Reis mit den Händen oder mithilfe von zwei Esslöffeln zu kleinen Sushi-Portionen formen und mit je einem Melonenscheibchen belegen. Die Meerrettichblätter in feine Streifen schneiden oder hacken und die Portionen damit garnieren.

MELDE-TAUBNESSEL-TORTILLA
MIT HOKKAIDO-KÜRBIS

FÜR 2 PORTIONEN

- 5 Eier
- 1 kleine Zwiebel
- 200 g Hokkaido-Kürbis
- Öl
- 100 g junge, noch nicht verholzte Melde oder Melde-Blätter
- 100 g frische Taubnessel-Triebspitzen
- Salz

Die Eier in einer Schüssel gut verquirlen. Die Zwiebel und den Kürbis würfeln, das Wildgemüse grob in Streifen schneiden. Zwiebel und Kürbis in etwas Öl anbraten, dann das Wildgemüse dazugeben und kurz mitgaren. Mit Salz abschmecken und gut vermischen. Das Gemüse zu den Eiern in die Schüssel geben und verrühren.

Alles in eine gut geölte Pfanne geben und bei kleiner Hitze zugedeckt ziehen lassen, bis die Masse oben nicht mehr verläuft. Bitte vorher nicht versuchen, vom Pfannenboden abzulösen.
Mit einem beherzten Ruck zur Seite die Tortilla in eine Drehbewegung versetzen, damit sie sich vom Pfannenboden löst. Dann einen flachen Teller auf die Pfanne stülpen, die Tortilla darauf stürzen, wieder in die Pfanne gleiten lassen und die andere Seite kurz ausbacken.

LEHMOFEN

Im folgenden Teil stellen wir einige, zum Teil klassische Rezepte vor, in denen wir Wildgemüse, Wildkräuter und Kulturgemüse ganz einfach kombinieren. Wir haben diese Rezepte in unserem Garten-Lehmofen ausprobiert. Im holzbefeuerten Lehmofen zubereitete Speisen haben einen ganz eigenen Geschmack. Die Raucharomen des Holzes und das erdige Lehmaroma spielen dabei eine wichtige Rolle. Direkt draußen zu backen, kann ein besonderes soziales Erlebnis sein. Der Ofen mit seiner Strahlungswärme und den köstlichen Gerüchen ist seit jeher ein Anziehungspunkt menschlichen Zusammenlebens. Das erklärt vielleicht die archaische Freude, die wir empfinden, wenn wir vor dem Ofen auf das Essen warten.

Aber keine Sorge: Wer keinen Zugang zu einem Lehmofen hat, kann alle Gerichte natürlich auch im heimischen Backofen nachkochen.

Das Kochen und Backen im Lehmofen erfordert einige Übung und Fingerspitzengefühl. Wir befeuern ihn ausschließlich mit Hartholz, wie Buche oder Eiche. Eine besondere Note ergibt sich, wenn man Obstgehölze, wie z. B. Kirsche, beimischt. Man kann auch Kräuter im Ofenfeuer mitverbrennen, um subtile Raucharomen zu erzeugen.

Eine Session im Lehmofen hat naturgemäß ihre eigene Dramaturgie, die sich aus den unterschiedlichen Temperaturen während der Befeuerungsdauer ergibt:
Am Anfang wird der Ofen auf hohe Temperatur gebracht um ihn durchzuwärmen, diese Zeit ist gut geeignet, um z. B. Pizza, Flammkuchen oder kurz Gratiniertes zuzubereiten. Danach folgt eine Phase mit gleichmäßiger, mittlerer Hitze, in der die in den dicken Wänden gespeicherte Wärme abgegeben wird und im Ofen eine solide Glut herrscht. Diese Zeit ist geeignet für Aufläufe, gefülltes Gemüse oder Braten etc.

Ist der Ofen so durchgewärmt, kann man, je nach Bedarf, mit der Temperatur spielen: Braucht man mehr Hitze, gibt man z. B. kleine Hölzer dazu. Die sofort entstehenden Flammen erhöhen sehr schnell die Temperatur im Innern. Große Flammen züngeln an der Decke des Ofens entlang und schaffen so eine zusätzliche Oberhitze. Schließt man die Ofenklappe und reduziert damit die Luftzufuhr von außen, bleibt die Wärme im Ofen länger konstant, ist aber nicht so hoch. Dies macht man sich zum Ende der Befeuerung zunutze, um mit der Restwärme z. B. Brote zu backen.

WILDKRÄUTEREMPANADAS

FÜR 4 PORTIONEN

Für den Teig:

- 100 g Butter
- 400 g Mehl
- 150 ml Wasser
- 1 EL Brennnessel-Samen

Für die Füllung:

- 1 Zwiebel
- 1 Schuss Olivenöl
- 200 g Brennnessel
- 1 Handvoll Nachtkerzenblätter und -blütenknospen
- 1 Prise Dost
- ½ Glas Wasser
- 1 Prise Salz
- geriebener Käse nach Geschmack, wie z.B. Pecorino

Teig:

Die Butter schmelzen, dem Mehl hinzufügen und das Wasser langsam einrühren, bis eine teigige Masse entsteht. Je nach Konsistenz können Sie etwas Mehl hinzugeben. Der Teig sollte elastisch, aber nicht zu weich werden. Lassen Sie den Teig mit einem feuchten Tuch abgedeckt ca. 1 Stunde ruhen. Entnehmen Sie eine Handvoll Teig und rollen Sie diesen länglich auf einer gemehlten Fläche bei einer Dicke von ca. 2–3 mm aus. Streuen Sie nun die Brennnessel-Samen darüber. Schneiden Sie mit Hilfe einer Untertasse (Durchmesser ca. 13 cm) ein rundes Stück heraus. Wiederholen Sie diesen Vorgang, bis die Masse aufgebraucht ist. Denken Sie daran, die Fläche immer wieder mit Mehl zu bestäuben, damit der Teig nicht kleben bleibt.

Masse:

Schneiden Sie die Zwiebel in kleine Würfel und schwitzen Sie diese in einer geölten Pfanne kurz an. Fügen Sie die kleingeschnittene Brennessel, die Nachtkerzenblätter, die Blüten und den Dost hinzu. Gießen Sie den Pfanneninhalt mit dem Wasser auf und lassen Sie alles ca. 2 Minuten gut köcheln. Mit Salz abschmecken und die Masse abkühlen lassen.

Die abgekühlte Masse legen Sie nun mittig auf die runden Teigstücke. Nach Geschmack können Sie auch etwas geriebenen Käse darüber geben. Falten Sie die Teigstücke mittig und fügen Sie die jeweiligen Enden zueinander. Dann alles zu einer kleinen Tasche verschließen. Damit die Taschen gut verschlossen sind, tauchen Sie ihre Finger in warmes Wasser und streichen die Ränder damit ab. Für die typische Riffelung der Empanadas am geschlossenen Rand können Sie eine Gabel nutzen, mit deren Zinken Sie fest auf den Rand drücken.

Legen Sie die Empanadas auf Backpapier und lassen diese im vorgeheizten Backofen bei 200 °C ca. 20 Minuten backen.

Wenn die Empanadas leicht angebräunt sind, können Sie sie wenden und weitere 5 Minuten backen lassen. Zum Schluss mit einer leckeren Sauce nach Wahl verfeinern (z. B. unsere köstliche Joghurt-Sauce mit Minze, Seite 27).

Die Empanada-Füllung können Sie natürlich auch mit anderen Wildpflanzen nach Geschmack und Verfügbarkeit zubereiten.

GEFÜLLTE RONDINI

FÜR 2 PORTIONEN

- 2 Kürbisrondini oder Runde Zucchini
- 100 g Butter
- 1 Handvoll Nachtkerzenwurzeln
- 1 Feige
- 5 kleine Tomaten
- 1 kleine Zwiebel
- 1 EL Pinienkerne
- 1 EL Sonnenblumenkerne
- 1 TL Springkraut-Samen
- 1 EL Sultaninen
- 1 TL Knoblauchsrauke-Samen
- 1 Prise Hagebuttenpulver
- Salz

Nehmen Sie die Kürbisse oder die Zucchini und höhlen Sie diese aus. Schneiden Sie den Inhalt in kleine Stücke. In einer Pfanne erhitzen Sie die Butter und geben kleingeschnitten die Nachtkerzenwurzeln, die Feige, die Tomaten und die Zwiebel mit hinein und braten alles kurz an. Fügen Sie die restlichen Zutaten inkl. des Kürbis- bzw. Zuchiniinhalts hinzu und schmecken alles mit Salz ab. Lassen Sie die Masse weitere 5 Minuten anbraten. Nun muss die Masse etwas abkühlen.

Legen Sie den Kürbis bzw. die Zucchini auf Backpapier und schieben das Gemüse für ca. 10 Minuten bei 200 °C in den vorgeheizten Backofen. Holen Sie das Gemüse heraus, befüllen Sie es mit der abgekühlten Masse und lassen alles zusammen weitere, ca. 5 Minuten im Backofen backen.

GEFÜLLTE CHAMPIGNONS

Nehmen Sie die Champignons und höhlen Sie diese aus. Schneiden Sie den Inhalt in kleine Stücke. Braten Sie nun die Bärlauchzwiebeln in einer Pfanne kurz in Olivenöl an; fügen Sie die kleingeschnittenen Löwenzahnblätter, die Tomate, den Knoblauch und den geschnittenen Inhalt der Champignons hinzu. Alles ca. 5 Minuten anbraten und die restlichen Zutaten hinzufügen. Füllen Sie nun die ausgehöhlten Champignons mit der Masse. Je nach Geschmack können Sie etwas Parmesan darüber streuen. Legen Sie die gefüllten Champignons auf ein Backpapier und schieben alles ca. 10 Minuten bei 180 °C in den vorgeheizten Backofen. Die fertigen Champignons können Sie mit weiteren gehackten Kräutern, je nach Geschmack verfeinern.

FÜR 2 PORTIONEN

- 5 große Champignons
- 1 Handvoll Bärlauchzwiebeln
- 1 EL Olivenöl
- 1 Handvoll Löwenzahnblätter
- 1 große Tomate
- 1 Knoblauchzehe
- 1 EL Sonnenblumensamen
- 1 EL Springkraut-Samen
- 1 Prise Hagebuttenpulver
- 1 Messerspitze Salz
- etwas Parmesan nach Geschmack

FÜR 2 PORTIONEN

- ca. 300 g Kürbis (z. B. Hokkaido)
- 1 kleines Stück Sellerie
- 3 junge Blattstiele vom Wiesen-Bärenklau
- 5 Giersch-Stiele
- etwas Wilde-Möhre-Grün
- 1 Ei
- etwas Milch
- 1 Schuss Olivenöl
- 1 Prise gemahlene Wiesen-Bärenklau-Samen
- 1 EL Springkraut-Samen
- 1 TL Wilde-Möhre-Samen
- Salz
- etwas kräftiger, geriebener Käse

KÜRBIS-BÄRENKLAU-GRATIN

Den Kürbis und den Sellerie raspeln, die Bärenklau- und Gierschstiele in Scheibchen schneiden, das Wilde-Möhre-Grün kleinhacken. Das Ei mit einem Schuss Milch schaumig schlagen.

Alles mit etwas Olivenöl mischen und die gemahlenen Wiesenbärenklau-Samen sowie die Springkraut-Samen und die Wilde-Möhre-Samen hinzufügen.

Mit Salz abschmecken, in eine flache, gefettete Form geben, mit Käse bestreuen und bei 160 °C ca. 15 Minuten backen.

JOGHURT-SAUCE MIT MINZE

Die Tomate und die Gurke fein würfeln, die Minze in sehr feine Streifen schneiden.

Minze, Tomate, Gurke und Springkraut-Samen mit dem Joghurt vermengen und mit einer kleinen Prise Salz abschmecken.

Die Sauce ist sehr einfach und schmeckt köstlich frisch.

FÜR 1 GROSSE PORTION

- 1 mittelgroße Tomate
- 1 kleine Gemüsegurke
- 1 Handvoll frische, milde Minzblätter
- 3 EL Samen vom indischen Springkraut
- 500 ml Joghurt
- Salz

PIZZA MIT DOST, BÄRLAUCH UND WILDER RAUKE

Das Mehl und das Salz in eine Schüssel geben, mischen und eine Mulde hineindrücken. Die Hefe in einer Schüssel in 200 ml warmem Wasser auflösen. 3/4 des Hefewassers vorsichtig in die Mulde gießen, das Öl ebenfalls hineingeben und mit den Händen gut vermengen. Wenn alles gut gemischt ist, schlückchenweise weiteres Wasser hinzufügen und den Teig solange kneten, bis er geschmeidig und elastisch wird. (Achtung: Man kann den Teig schnell überwässern, dann wird er klebrig! In diesem Fall wieder Mehl hinzufügen.) Den fertigen Teig mit etwas Mehl bestäuben und mit einem feuchten Tuch bedeckt ca. 1/2 Stunde ruhen lassen.

Jetzt kann der Ofen vorgeheizt werden.

In der Zwischenzeit die Tomaten kleinschneiden und die Bärlauchzwiebeln fein hacken. Blätter und ggf. Blüten vom Dost abzupfen und ebenfalls fein hacken. Einen kleinen Teil des Dostes zum Garnieren beiseitelegen. Alles in einer Schüssel mit dem Olivenöl vermischen und mit etwas Salz abschmecken.

Nach der Ruhezeit den Teig in etwa mandarinengroße Stücke aufteilen und diese auf einer mit Mehl bestäubten Arbeitsfläche dünn mit einem Nudelholz ausrollen (Tipp: Hat man kein Nudelholz, tut es auch eine Weinflasche). Die Tomatensauce sparsam auf dem Teig verteilen. Achtung: Hier kommt es wirklich darauf an, dass nicht zu viel Sauce verwendet wird, da sonst der Teig durchweicht und die Pizza am Ofenboden festklebt. Den Käse (ebenfalls nicht zu üppig) auf der Pizza verteilen. Die Pizza mit einem gemehlten, flachen Schieber in den Ofen befördern. Der Ofen sollte richtig schön heiß sein, wenn sie keinen Steinofen haben, nutzen sie die höchste Gradstufe die ihr Ofen zu bieten hat.

Ca. 2–5 Minuten backen, bis der Rand hochgegangen und gebräunt und der Käse gut geschmolzen ist. Zwischendurch die Pizza einmal drehen, damit sie gleichmäßig backt. (Im Elektrobackofen dauert es manchmal ein wenig länger und man muss die Pizza nicht drehen.) Die fertige Pizza aus dem Ofen nehmen und mit der wilden Rauke bestreuen.

FÜR 10–15 PIZZEN

Die Pizzen werden für dieses Rezept hauchdünn ausgerollt, natürlich kann auch mehr Teig pro Pizza verwendet werden, dadurch werden es weniger Pizzen.

Für den Teig:

- 1 kg Mehl
- 1 TL Salz
- 1 Würfel frische Hefe
- 200 ml warmes Wasser + etwas Wasser zum Anmischen
- 1 Schuss Olivenöl

Für die Sauce:

- 500 g gut gereifte Tomaten
- 5 Bärlauchzwiebeln (alternativ 2 Knoblauchzehen)
- 15 Stängel frischer Dost
- 2 EL Olivenöl
- Salz

Zum Belegen:

- 350 g Büffelmozzarella
- 1 Bund frische Wilde Rauke

PIZZETTE

MIT ZIEGENKÄSE, BRENNNESSEL-SAMEN UND HONIG

Den Teig zu ca. handtellergroßen Talern ausrollen, mit dem Ziegenkäse belegen, mit je einem TL Honig beträufeln und mit Brennnessel-Samen und einer Prise gemahlener Samen der Wilden Möhre bestreuen. Im vorgeheizten Ofen bei 220 °C ca. 5 Minuten backen. Vor dem Servieren mit etwas Salz bestreuen.

FÜR CA. 30 PIZZETTE

Für den Teig:

siehe Pizzarezept (nutze die Hälfte der Zutaten für ca. 20–30 Pizzette)

Für den Belag (pro Gebäckstück):

- drei bis vier Scheiben Ziegencamembert oder 1 EL Ziegenfrischkäse
- 1 TL flüssiger Blütenhonig
- 1 TL frische Brennnessel-Samen
- 1 Prise gemahlene Wilde-Möhre-Samen
- 1 Prise Salz

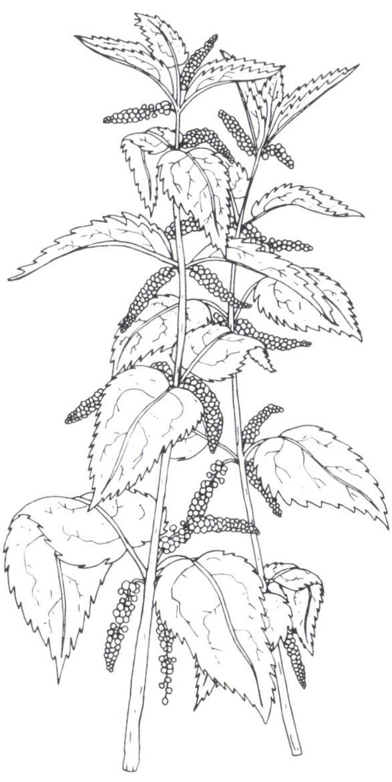

LECKERES AUS DER WIESE

Der Sommer ist eine Zeit der Fülle. Menschen und Tiere können sich aus einem Überangebot an pflanzlicher Nahrung bedienen. Die Natur platzt buchstäblich aus allen Nähten.

Nicht nur die Tiere fangen in dieser Zeit an, Vorräte für den Winter anzulegen:
Auch für uns beginnt nun die Zeit der Produktion. Was wir jetzt nicht sammeln und konservieren, ist bis zur nächsten Sommersaison verloren. Wer sich also im Winter aus einer prall gefüllten Vorratskammer bedienen möchte, sollte sich genügend Zeit für die Vorbereitungen nehmen.

Trocknen, Einkochen, Einfrieren oder Einlegen – es gibt viele Methoden der Konservierung. Hier zeigen wir einige einfache Beispiele, wie man sich köstliche Wildpflanzen-Vorräte aus der Wiese zaubern kann.

Gesammelt haben wir auf verschiedenen nährstoffreichen Wiesen im Kölner Umland.

Bevor man mit der Produktion anfängt, sollte man sich eine geeignete Infrastruktur schaffen. Wichtig sind ein Kochplatz, große Töpfe, Siebe mit unterschiedlichem Maschengewebe, breite und schmale Abfülltrichter, eine große Arbeitsfläche, gute Messer, ausreichend sterile Gläser und Flaschen und Basiszutaten wie Salz, Zucker, Öl und Essig, damit man nach dem Sammeln auch direkt mit der eigentlichen Arbeit beginnen kann.

Muss man nach dem Sammeln erst noch alles besorgen, ist es mit der Motivation für die Weiterverarbeitung und der Frische der Pflanzen schnell vorbei. Hat man sich gut vorbereitet, kann man mit Kenntnis einiger Grundrezepte eigene Kreationen erschaffen.

LOS GEHT´S!

EBERESCHEN-GELEE

Die Ebereschenfrüchte in einem Sieb gut abwaschen, in einen Topf geben, mit Wasser bedecken und so lange köcheln, bis sie richtig weich sind. Die Früchte anschließend mit einem Stampfer oder Passierstab im Wasser zerkleinern.

Alles noch einmal kurz aufkochen lassen und dann durch ein Sieb streichen.

Den Sud abwiegen und die gleiche Menge Gelierzucker (1/1) hineinrühren. Alles kochen lassen, bis die gewünschte Konsistenz erreicht ist.
Um zu prüfen, ob die Masse geliert, kann man zwischendurch ein paar Tropfen auf einen gekühlten Löffel geben – erstarrt die Masse, ist es soweit.

Nun die heiße Masse in sterile Gläser füllen und diese sofort verschließen.

EINGELEGTE WILDKNOSPEN

Die Zwiebel kleinhacken und den Knoblauch in dünne Scheiben schneiden. Das Wasser zum Kochen bringen. Das Salz, den Essig, den Zucker und die Zitrone hinzufügen und abschmecken (Hier ist der individuelle Geschmack gefragt – einfach dem Geschmackssinn vertrauen). Die anderen Zutaten hinzufügen und nochmals kurz aufkochen.

Abschmecken, bis die gewünschte Würze erreicht ist.

Die Knospen in Gläser füllen und mit dem heißen Sud begießen, bis sie komplett vom Sud bedeckt sind. Die Gläser sofort verschließen.

FÜR 4 GLÄSER À 250 ML

- Essbare Blütenknospen z. B. von: Nachtkerze, Malve, Spitzwegerich, Breitwegerich, Linde, wilde Rauke, Löwenzahn

(1 gute Handvoll Knospen pro Glas)

Für den Sud:

- 1 mittelgroße Zwiebel
- 1 große Knoblauchzehe
- 1 l Wasser
- 1 TL Salz
- etwas weißer Balsamico-Essig oder Kräuteressig
- 1 TL Zucker
- 1 Spritzer Zitronensaft
- 4 EL Dostblüten oder andere Würzkräuter nach Geschmack
- 1 EL Knoblauchsrauke-Samen

Hier haben wir einige Kräuter aufgelistet, die sich zur Herstellung von Kräutersalz eignen:

- Gundermann (Blüten, Kraut)
- Dost (Blüten, Blätter)
- Löwenzahn (Blätter, Blütenblätter)
- Sauerampfer (Blätter)
- Thymian (Blüten, Blätter)
- Brennnessel (Samen, Blätter)
- Wilde Möhre (Samen, Blüten, Blätter)
- Veilchen (Blüten)
- Wiesensalbei (Blüten, Blätter)
- Giersch (Samen, Blüten)

KRÄUTERSALZ

Kräutersalz herstellen ist einfach! Man nimmt gutes, grobes Salz, wie Meersalz oder Steinsalz und vermahlt es im Mörser mit getrockneten Aromakräutern und/oder Blüten.

Man kann auch grobes Salz direkt mit frischen Kräutern vermahlen, danach muss man es aber ausbreiten und trocknen lassen, damit bei der Aufbewahrung in einem geschlossenen Gefäß kein Schimmel entstehen kann.

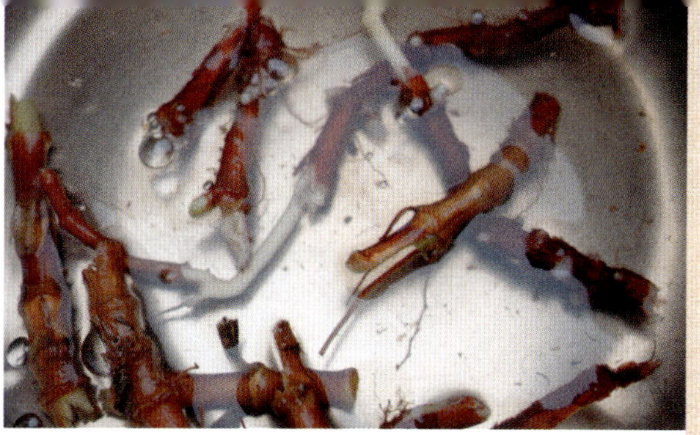

SELBSTGEMACHTES SPÜLMITTEL

FÜR 1 FLASCHE À CA. 450 ML

- 150 g Seifenkraut-Wurzeln
- 500 ml Wasser

Die Wurzeln abwaschen, in dünne Scheiben schneiden und bei mittlerer Hitze 30 Minuten im Wasser köcheln lassen. Den Sud durch ein sehr feines Sieb geben und in eine Flasche füllen.
Wer einen besonderen Duft möchte, kann zum Aromatisieren Kräuter, wie beispielsweise Lavendel, Melisse oder Minze mitkochen.

Seifenkraut enthält, vor allem in den Wurzeln, eine hohe Konzentration an Saponinen. Diese haben eine hohe Fettlösekraft und werden auch in konventionellen Reinigungsmitteln und Seifen verwendet. Der Seifenkraut-Sud eignet sich zum Spülen, Wäsche waschen, Flächen reinigen und zur Körperhygiene. Er ist nicht belastend für die Natur.
Wir verwenden ihn meist zum Spülen.

Viele Wildkräuter eignen sich gut für die Herstellung von Pesto, wie zum Beispiel: Knoblauchsrauke, Wilde Rauke, Bärlauch, Brennnessel, Giersch, Minze, Dost, Löwenzahn, Vogelmiere, Wiesenschaumkraut oder Wilde Möhre. Man kann Pesto aus nur einer Sorte Pflanzen herstellen, oder nach eigenem Gusto frei kombinieren und Komponenten weglassen oder andere hinzufügen.

KNOBLAUCHSRAUKE-PESTO

FÜR CA. 4 GLÄSER À 200 ML

- 250 g junge Knoblauchsrauke-Blätter
- 100 g Hartkäse, wie z. B. Parmesan, Pecorino oder Manchego
- 100 g Haselnusskerne (alternativ auch z. B. Springkrautsamen, Pinienkerne, Erdnüsse, Pekan-Nüsse etc.)
- 400 ml Olivenöl
- Salz

Die Kräuter sehr fein hacken oder mit einer Küchenmaschine häckseln.
Den Hartkäse reiben und die Nüsse fein zerkleinern. Alles in eine große Schüssel geben und mit dem Olivenöl vermischen. Mit Salz abschmecken. In sterile Gläser füllen und anschließend Öl dazugeben, bis alles gut bedeckt ist.
Kühl aufbewahren und nach dem Öffnen rasch aufbrauchen.

TIPP

MAN KANN DAS PESTO AUCH GUT EINFRIEREN!

WILDPFLANZENESSIG

Essig mit Wildpflanzen zu aromatisieren ist so einfach wie genial. Man benötigt lediglich einen guten, milden Essig (wir benutzen meist weißen Balsamico), eine leere Flasche und einige aromatische Wildkräuter und/oder Wildfrüchte. Die Kräuter und Früchte können sowohl frisch, als auch getrocknet sein.

Für die Zubereitung füllt man die Flasche mit ganzen oder zerkleinerten Früchten oder Pflanzenteilen und gießt alles mit dem Essig auf. Dann stellt man die Flasche an einen warmen Ort. Den Rest erledigt die Zeit.

Schon nach zwei Wochen ist ein Großteil der Aromen und Farben vom Essig herausgezogen worden. Lässt man den Ansatz länger stehen, wird das Aroma oft noch intensiver. Sobald man mit der Intensität zufrieden ist, kann man die festen Bestandteile herausfiltern. Dies ist aber nicht zwingend notwendig.

Selbst aromatisierter Essig verleiht den eigenen Koch-Kreationen eine ganz persönliche Note und eignet sich auch sehr gut zum Verschenken.

Beispiele für Wildpflanzen, die sich gut zum Aromatisieren von Essig eignen:

Dost (Blüten, Stiele, Blätter)
Spitzwegerich (Knospen, Blätter)
Löwenzahn (Wurzeln, Blüten, Knospen, Blätter)
Bärlauch (Samen, Blüten, Blätter, Zwiebeln)
Wilde Möhre (Wurzeln, Samen, Blüten, Blätter)
Kamille (Blüten, Stiele mit Blättern)
Mädesüß (Blüten, Blätter)
Holunder (Blüten, Früchte)
Knoblauchsrauke (Blüten, Knospen, Samen, Blätter)
Gundermann (Blüten, Kraut)
Pastinake (Wurzeln, Blätter, Blüten, Samen)

Beispiele für Wildfrüchte:

Himbeeren
Brombeeren
Schlehen
Walderdbeeren
Wildkirschen
Weißdorn
Sanddorn
Mirabellen
Hagebutten

AM FELDESRAND

Viele unserer bevorzugten essbaren Wildpflanzen sind sogenannte „Ackerbeikräuter". Das bedeutet, sie wachsen gern als Pioniere auf landwirtschaftlich genutzten Flächen. Da in der konventionellen Landwirtschaft zumeist große Mengen Agrochemikalien wie Pestizide, Insektizide oder Herbizide aufgebracht werden, sammeln wir grundsätzlich nicht in deren direktem Umfeld. Umso interessanter sind für uns jedoch ökologisch bewirtschaftete Flächen.

Diese Tour führt uns nach Hembergen im Münsterland, wo Claudius Hösel die Gemüsegärtnerei „Die Grüne Neune" betreibt. Claudius ist ein lebendiges Beispiel dafür, dass man Öko-Landbau auch heute nicht nur unter gewaltigem finanziellen Einsatz und mithilfe von gigantischen Landmaschinen-Fuhrparks realisieren kann. Er lebt in einem Bauwagen direkt an seinen Feldern, die er mit viel Fleiß, Handarbeit und einfachen technischen Mitteln (Oldtimer-Traktor, Einachser, Radhacke) bewirtschaftet. Mit dem auf ca. 6000 m^2 erzeugten Gemüse versorgt er etwa 50 Haushalte über acht Monate im Jahr wöchentlich mit einer hochwertigen und abwechslungsreichen Gemüsetüte.

In, zwischen und neben den Gemüsereihen müssen wir nicht lange nach essbaren Wildpflanzen suchen. Sie wachsen hier dicht an dicht, wodurch sich das Sammeln sehr komfortabel gestaltet. Die direkte Nachbarschaft lädt uns zum Kombinieren von Wildpflanzen und Kulturgemüse ein. Kochen können wir hier direkt auf dem Lagerfeuer.

„Ackerbeikräuter" findet man natürlich nicht nur im Münsterland ... landauf, landab laden ökologisch bewirtschaftete Flächen dazu ein, Wildpflanzen zu sammeln. Und wenn kein Hofladen in der Nähe ist, in dem man das zusätzlich gewünschte Gemüse kaufen kann, dann spricht nichts dagegen, das Sammelgut zuhause zuzubereiten und den Rest im Bio-Laden zu kaufen ...

WILDKRÄUTERSALAT
(UNSER VORSCHLAG)

Für das Grüne: Löwenzahnblätter, Vogelmiere, Weiße Taubennessel, Grün der Wilden Möhre, Sauerampfer, Franzosenkraut, Gierschblätter

Für die Farbakzente: Malvenblüten, Sauerkleeblüten, Topinamburblüten, Calendulablüten

Vom Acker: Fenchelknollen, Ackersenf, Tomaten, Kopfsalat o. Ä., Pastinakenwurzel, Rote Spitzpaprika, Blätter der Kapuzinerkresse, Ringelblumenblüten

FÜR 4 PORTIONEN

- einige Knospen von Wildkräutern
- eine gute Hand voll Kräuter, wie z. B.: Knoblauchsrauke, Dost, Wilde Möhre
- 1 kleine Zwiebel
- 1 TL Senf
- 2 TL Marmelade, Honig oder eine kleine Portion Wildfrüchte, wie z. B. Brombeeren oder Wildkirschen
- ½ Glas Wasser
- 50 ml Balsamico Essig
- Olivenöl
- Salz
- Pfeffer

WILDKRÄUTER-SALATDRESSING

Die Knospen, die Kräuter und die Zwiebel ganz fein hacken. In einer Schüssel alles gründlich mit dem Senf, der Marmelade, dem Wasser und dem Essig mischen. Einen Schuss Öl hinzugeben und mit Salz und Pfeffer abschmecken.

TOPINAMBUR-SÜPPCHEN
MIT FRANZOSENKRAUTEINLAGE

Die Topinamburknollen waschen und würfeln. Den Sellerie, die Zwiebeln, den Porree, die Spitzpaprika und die Karotten ebenfalls kleinschneiden. Alles zusammen in einem großen Topf mit einem guten Schuss Öl 5 Minuten anschwitzen, danach Wasser dazugeben, bis alles gut bedeckt ist. Salzen und ca. ½ Stunde gemütlich köcheln lassen. Den Sauerampfer hacken und hinzufügen. 1 EL Wilde-Möhre-Samen, 1 EL gemahlene Knoblauchsrauke-Samen, 1 gestrichenen EL gemahlene Hagebutten-Schalen und eine Prise Wiesenbärenklau-Samen hinzugeben und 10 Min. weiterköcheln. Mit einem Schuss Mädesüßessig und Salz abschmecken und grob gehacktes Franzosenkraut zufügen.
Nach Geschmack etwas Rahm dazugeben.

FÜR EINEN ORDENTLICHEN TOPF

- 1–2 kg Topinamburknollen
- 1 mittelgroße Sellerieknolle
- 2 Zwiebeln
- 2 mittelgroße Stangen Porree
- 3 rote Spitzpaprika
- 4 Karotten
- Olivenöl
- Salz
- 1 kleiner Bund Sauerampfer
- 1 EL gemahlene Wilde-Möhre-Samen
- 1 EL gemahlene Knoblauchsrauke-Samen
- 1 EL gemahlene Hagebutten-Schalen
- 1 Prise gemahlene Wiesenbärenklau-Samen
- milder Kräuteressig, z. B. Mädesüßessig (Rezept für den Ansatz, siehe S. 39)
- 1 Bund Franzosenkraut
- etwas Rahm

LÖWENZAHNKAFFEE

Nehmen Sie die dicken Wurzeln des Löwenzahns und waschen Sie sie gründlich ab. Die kleinen Nebenwurzeln entfernen Sie. Die großen Wurzelstücke klein hacken und auf einem Backpapier gut verteilen. Im vorgeheizten Backofen bei ca. 40 °C trocknen. Es empfiehlt sich, alle 15 Minuten zu schauen, wie sich der Trocknungsprozess gestaltet. Es gibt manchmal Wurzeln, die etwas mehr Zeit brauchen. In der Regel sind alle Wurzelstücke nach etwa 40 Minuten trocken.

Die komplett getrockneten Wurzeln werden nun in einer Pfanne ohne Fett bei niedriger Temperatur geröstet. Dabei regelmäßig umrühren und wenden, damit sie nicht anbrennen. Abkühlen lassen und in einer Kaffeemühle oder im Mixer fein zermahlen.

PASTA AUS DEM GARTEN

Einen Garten zu besitzen ist heutzutage, besonders in der Stadt, ein großes Privileg. Der Garten ist ein Raum für Entspannung und kreative Gestaltung. Wer in seinem Garten Gemüse anbaut oder einen Teil sich selbst überlässt, wird feststellen, dass in diesen Bereichen eine Vielzahl von Wildpflanzen gedeihen.

Vielen Menschen sind diese Wildpflanzen als „Unkräuter“ ein Dorn im Auge, wie beispielsweise Brennnesseln, Melde, Vogelmiere, Wilde Möhre, Giersch oder Löwenzahn. Oft werden diese heimischen Pflanzen, die eine große Bedeutung für unser Ökosystem haben, intensiv bekämpft. Sie werden gejätet, abgeflammt oder sogar mit Giften gespritzt. Dabei gibt es eine viel wirksamere und schonendere Methode, diesen Wildwuchs einzudämmen, ohne ihn komplett zu vernichten: Man kann damit wunderbar seinen Speiseplan ergänzen.

Hier zeigen wir an einem Beispiel, wie man diese Pflanzen mit Kulturgemüse und essbaren Blüten aus dem Garten kombinieren kann. Wir stellen frische Pasta her.
Auch hier gilt: Der Kreativität sind in punkto Geschmack, Form und Farbe keine Grenzen gesetzt. Und noch dazu macht diese Art der „Unkrautbeseitigung und -verwertung“ der ganzen Familie Spaß!

GRUNDREZEPT
KRÄUTER-PASTA (MIT EI)

FÜR 4 PORTIONEN

- 100 g frische Wildkräuter und/oder essbare Blüten, je nach Geschmack (wir haben Brennnesselblätter und Blüten von Malve, Ringelblume, Kapuzinerkresse und Borretsch verwendet)
- 300 g Weizenmehl Typ 405
- 1 Prise Salz
- 1 Ei
- 2 Eigelb
- 2 EL Olivenöl
- ½ Glas Wasser – die genaue Menge orientiert sich am Wassergehalt der Kräuter

Die Kräuter kleinhacken. Das Mehl und das Salz in eine große Schüssel geben, verrühren und mit der Faust eine Kuhle in die Mitte drücken. Das Ei, die Eigelbe, das Öl und die Kräuter hinzufügen und alles vermischen.
Etwas Wasser dazugeben und mit den Händen kneten (man kann auch einen Knethaken verwenden), bis ein gleichmäßiger Teig entsteht. Je nach Wassergehalt der Kräuter muss man mehr oder weniger Wasser hinzugeben. Der Teig sollte eine relativ feste, aber elastische Konsistenz haben und nicht mehr klebrig sein. Dies kann einige Zeit dauern, wir haben ca. 10 Minuten geknetet. Den Teig mit einem feuchten Tuch bedecken und etwa eine halbe Stunde ruhen lassen.

Den Teig auf einer mit Mehl bestäubten Platte oder Arbeitsfläche dünn ausrollen und in Streifen schneiden. Die fertigen Nudeln einige Minuten aufhängen. Danach sind sie fertig für den Kochtopf.

Die Nudeln in reichlich kochendes Salzwasser geben und ca. 2–4 Minuten kochen lassen, bis sie nach oben steigen.

GRUNDREZEPT
KRÄUTER-PASTA (OHNE EI)

FÜR 4–6 PORTIONEN

- 100 g frische Wildkräuter oder essbare Blüten, je nach Geschmack
- 250 ml Wasser
- 300 g Weizenmehl
- 180 g Hartweizengries
- 1 Prise Salz
- 5 EL Olivenöl

Die Zubereitung der Pasta ohne Ei ist die gleiche, ein Ei wird hier durch etwa 80 ml Wasser und den Hartweizengries ersetzt.

Man kann die Nudeln auch sehr gut zur Bevorratung trocknen, dann einfach richtig austrocknen lassen.

FÜR 4 PORTIONEN

Wilde-Möhre-Pasta nach Grundrezept zubereiten, dabei die kleingehackten Blätter der Pflanze verwenden.

Für die Sauce:

- 2 kleine Knoblauchzehen oder 2 große Bärlauchzwiebeln
- etwas Olivenöl
- 300 g frische Kirschtomaten oder Wildtomaten
- Salz
- Pfeffer aus der Mühle
- 1 Stich Butter
- 1 gute Handvoll Vogelmiere, das Grün

WILDE-MÖHRE-PAPPARDELLE

MIT KIRSCHTOMATEN UND VOGELMIERE

Den Knoblauch, bzw. die Bärlauchzwiebeln fein hacken. Eine Pfanne gut heiß werden lassen und etwas Olivenöl hineingeben. Die Tomaten dazugeben und 30 Sekunden scharf anbraten. Den Knoblauch hineingeben, 15 Sekunden mitbraten, dann alles vom Feuer nehmen und mit Salz und Pfeffer abschmecken. Mit etwas Butter auf der Pasta verteilen. Die frische Vogelmiere großzügig darauf anrichten.

-ABBASTANZA BENE

BLÜTEN-BRENNNESSEL-PAPPARDELLE MIT LÖWENZAHN-SPITZWEGERICH-SUGO

FÜR 3–4 PORTIONEN

Blüten-Brennnessel-Pappardelle nach Grundrezept zubereiten, dabei die kleingehackten, jungen Triebspitzen der Brennnessel verwenden.

Für die Sauce:

- 1 Handvoll Löwenzahnblätter
- 2 EL Dost-Blätter
- 3 Zweige frischer Thymian
- Olivenöl
- 1 kleine Zwiebel
- 1 TL Knoblauchsrauke-Samen
- 1 Prise getrocknete, gemahlene Hagebutten-Schalen
- 200 g frische Kirschtomaten
- 10 große Spitzwegerichblätter
- 1 Stich Butter
- Salz
- Blüten zum Garnieren

Die Löwenzahnblätter in Streifen schneiden, den Dost und den Thymian hacken. Etwas Öl in eine heiße Pfanne geben. Die Zwiebel würfeln und anschwitzen, dann den Thymian, die Samen der Knoblauchsrauke und das Hagebuttenpulver dazugeben und alles gut durchrühren. Die Tomaten kleinschneiden und mitgaren. Die Temperatur ein wenig reduzieren und den Dost hinzufügen. Wenn die Tomaten flüssig werden, den Löwenzahn dazugeben und kurz mitgaren. Die Spitzwegerichblätter kleinschneiden, dazugeben und garen, bis sie weich werden. Die Butter hinzufügen, mit Salz abschmecken und warmhalten.

Die Pasta nach dem Grundrezept herstellen und in reichlich Salzwasser kochen.

Alles anrichten, mit Blüten bestreuen und genießen.

FLUSSLANDSCHAFTEN

Im späten Frühjahr machen wir uns auf den Weg ins Bergische Land. Unsere Kochausrüstung sieht folgendermaßen aus: Schneidebrett, Taschenmesser, Gaskocher, Pfanne, Glaskolben für die Zubereitung von Tee, Sammelkorb, Schüsseln, Teller und einige Basiszutaten wie Salz, Öl, Brot und Eier.

Startpunkt unserer Tour ist das „Gut Alte Heide", ein Seminarhaus am Waldrand, direkt an der Bergischen Alleenstraße. In diesem Gebiet gibt es wunderschöne Bäche, kleine Flussläufe, saftige Wiesen und verwunschene Wälder. In der Umgebung von Fließgewässern ist die Artenvielfalt aufgrund der guten Wasser- und Nährstoffversorgung oft groß, daher sammeln wir dort sehr gern.

Zu dieser Zeit findet man besonders frische, milde und zarte Wildkräuter und -gemüse, wie Brennnessel, Giersch, Wiesenbärenklau, Löwenzahn, Mädesüß oder japanischen Flügelknöterich, um nur einige zu nennen. Frische Wildpflanzen in dieser Qualität eignen sich gut für den Rohverzehr oder eine schonende Zubereitung. Viele Wildpflanzen entwickeln nämlich in späteren Stadien etwas derbere Aromen oder werden durch das Verholzen zäher. Dadurch muss man sie dann teilweise länger garen.

Unser Weg führt uns durch Wiesen und Wälder zu einem wunderschönen Bachlauf. Nach der Erkundung eines Teils der Uferzone beginnen wir mit dem Sammeln.

FÜR 2 PORTIONEN

- 2 l Wasser
- 2 EL Salz
- 250 g Triebspitzen von Brennnesseln
- gutes Olivenöl
- nach Belieben Samen oder Nüsse zum Bestreuen und etwas Knoblauch

BRENNNESSEL-SPINAT

EINFACH UND PUR

Wir haben hier eine Pfanne verwendet, idealerweise nimmt man zum Blanchieren aber einen Topf.

2 Liter Wasser mit 2 Esslöffeln Salz zum Sieden bringen. Die Triebspitzen hineingeben, kurz umrühren und eine halbe bis eine Minute blanchieren. Zum Abtropfen in ein Sieb geben. Auf einem Teller anrichten und mit etwas Olivenöl beträufeln.
Nach Belieben mit Nüssen oder Saaten bestreuen.

KNOSPEN-POTPOURRI

Zwiebel und Paprika in Würfel schneiden.

Die Butter in einer Pfanne zerlassen, Zwiebel und Paprika kurz anbraten.

Die Knospen hinzufügen und ca.1 Minute mitgaren. Mit etwas Salz, Pfeffer und Zitrone abschmecken. Diese Mischung schmeckt sehr gut auf Brot oder zu Rührei.

FÜR 2 PORTIONEN

- 1 Zwiebel
- ½ Paprika
- 20 g Butter
- 1 Handvoll von Knospen (z.B. von Spitzwegerich, Löwenzahn, Wiesenschaumkraut)
- 1 Prise Salz
- 1 Prise Pfeffer
- 1 Spritzer Zitronensaft

FÜR 4 PORTIONEN

- 1 Handvoll frische junge Löwenzahnblätter
- 10 frische junge Sauerampferblätter
- 5 Eier
- Salz
- etwas Butter oder Pflanzenöl

RÜHREI MIT LÖWENZAHN UND SAUERAMPFER

Die Wildpflanzen waschen und in etwa 1 cm dicke Streifen schneiden. Die Eier verquirlen und mit einer Prise Salz würzen. Butter oder Öl in die Pfanne geben, die Eier hinzufügen und bei mittlerer Hitze unter ständigem Rühren garen, bis sie etwa halb gestockt sind. Den Löwenzahn dazugeben und bis zur gewünschten Konsistenz weitergaren.
Zum Schluss die Sauerampferblätter unterheben und sofort servieren.

Für ein Rührei kann man selbstverständlich auch andere Wildpflanzen verwenden.
Der Kreativität sind hier keine Grenzen gesetzt.

GIERSCH-BÄRENKLAU-STIELGEMÜSE

Die Pflanzenstiele in etwa 5 cm lange Streifen schneiden. Die Pfanne erhitzen und einen Esslöffel Öl hineingeben. Die Stiele sofort dazugeben und etwa 2 Minuten scharf anbraten. Mit einem kleinen Schuss Balsamico ablöschen und etwa eine halbe Minute weitergaren. Die Pfanne vom Feuer nehmen und alles mit etwas Salz und Knoblauchsraukesamen abschmecken.

FÜR 2 PORTIONEN

- je eine Handvoll Stiele von jungem Giersch und jungem Wiesenbärenklau
- etwas Olivenöl
- etwas dunklen Balsamicoessig
- Salz
- gemahlene Knoblauchsraukesamen (alternativ gewöhnlicher Pfeffer)

VEGANE WIESEN-BÄRENKLAU-TORTILLA

FÜR 2 PORTIONEN

- 4 gute Handvoll Wiesenbärenklau-Blätter
- 1 kleine Zwiebel
- 1 Tomate
- etwas Rapsöl und Olivenöl
- 4 EL Kichererbsenmehl
- Wasser
- Salz

Die Bärenklau-Blätter in grobe Streifen schneiden und die Zwiebel fein würfeln.
Die Tomate ebenfalls würfeln. In einer Pfanne bei mittlerer Hitze die Zwiebel in etwas Öl kurz anbraten, dann die Tomate hinzufügen. Nach etwa 2 Minuten die Bärenklau-Blätter hinzufügen und das Ganze weitergaren, bis die Blätter zusammengefallen sind. Vom Feuer nehmen und abkühlen lassen.

In der Zwischenzeit das Kichererbsenmehl in eine Schüssel geben und unter Rühren solange langsam kaltes Wasser hinzufügen, bis die Masse eine dickflüssige, aber nicht stockende Konsistenz hat. Dies erfordert etwas Fingerspitzengefühl – ist die Masse zu dickflüssig, wird die Tortilla trocken, ist sie zu dünn, hält sie nicht gut zusammen.

Alle Zutaten in der Schüssel verrühren, bis eine homogene Masse entstanden ist und mit etwas Salz abschmecken.

Den Boden einer beschichteten Pfanne mit Öl bedecken und dieses etwas erhitzen.
Die Mischung in das heiße Öl geben und die Pfanne vorsichtig schwenken, bis sich die Masse gut verteilt hat. Die Hitze reduzieren und einen Deckel auf die Pfanne setzen. Etwa 3 Minuten backen, dann die Pfanne etwas schütteln, um sicherzugehen, dass sich die Tortilla gelöst hat. Ist sie angebacken, einen Pfannenwender zuhilfe nehmen.
Wenn die Masse auf der Oberseite gestockt ist, die Tortilla im Deckel stürzen und umgedreht vorsichtig wieder in die Pfanne gleiten lassen. Nun ohne Deckel etwa 2 Minuten zu Ende garen, aufschneiden und anrichten.

IM WINTER

Wenn sich im Winter die Vegetation zurückzieht, beginnt auch für uns eine Zeit der Einkehr. Wir haben das ganze Jahr über viel gesammelt – Pflanzen, Samen, Wurzeln, Früchte und Harze.

Was wir nicht frisch verarbeitet haben, wurde getrocknet, gelagert oder eingefroren.
Wir nutzen die Winterzeit gern, um jetzt mit unseren Vorräten zu experimentieren:
Sie werden zum Beispiel zu neuen Tee-, Gewürz- und Räuchermischungen verarbeitet. Aus gefrorenen Früchten werden Chutneys und Marmeladen gekocht und auch alchemistische Versuche kommen nicht zu kurz.

Wildpflanzen liefern eine gewaltige Palette einzigartiger Aromen für die Herstellung von Gewürzen und Gewürzmischungen. Manche Pflanzenteile entfalten ihr Aroma am besten, wenn man sie röstet und pulverisiert, wie z. B. viele Samen oder Wurzeln. Andere wiederum sollte man nur schonend trocknen und zerkleinern, da sonst Aromen verloren gehen.
Hier ist vor allem Kreativität und Mut zum Ausprobieren und Kombinieren gefragt. Mit ein wenig Übung kann sich jeder sein „Spezialgewürz" selbst herstellen.

ZUTATEN

- 2 TL getrocknete, gerebelte Dostblüten
- 1 TL getrocknete, pulverisierte Wilde-Möhre-Samen
- ½ TL geröstete, pulverisierte Wiesenbärenklau-Samen
- 1 Messerspitze getrocknete, pulverisierte Hagebuttenschalen
- ½ TL getrocknete, pulverisierte Brennnesselblätter
- ½ TL getrocknete, gerebelte Mädesüßblüten

MASALA-GEWÜRZMISCHUNG

AUS HEIMISCHEN WILDPFLANZEN

Diese Mischung eignet sich sehr gut zum Würzen von Gemüsegerichten, Joghurtsaucen oder zum Marinieren.

PFEFFER-ERSATZ

- 25 g getrocknete Bärlauch-Samen
- 20 g getrocknete Knoblauchsrauke-Samen

Einfach in eine Pfeffermühle füllen und genauso vermahlen wie Pfefferkörner.

WILD-SENF AUS KNOBLAUCHSRAUKE-SAMEN

EINE GANZ BESONDERE DELIKATESSE

FÜR EIN KLEINES GLAS, CA. 50 ML

- 50 g Knoblauchsrauke-Samen
- 1–2 TL Blütenhonig
- heller Balsamico oder Kräuteressig (durch die Zugabe von Kräuteressig kann man dezent andere Aromen nach individuellem Geschmack einfließen lassen)
- etwas Salz

Die Knoblauchsrauke-Samen in einem Mörser sehr fein mahlen. Unter Rühren bis zur gewünschten Konsistenz langsam Essig hinzufügen und das Ergebnis probieren. Neben den Senfölen enthalten die Samen auch einige Bitterstoffe, die den Senf sehr kräftig und etwas derber machen. Wer es lieber etwas milder mag, kann nun ein wenig Honig dazu mischen. Mit Salz abschmecken.

FRISCHKÄSE-WÜRZMISCHUNG

- 30 g getrocknete Brennnessel-Samen
- ½ TL getrocknete, gemahlene Bärlauch-Samen
- 1 TL getrocknete, gerebelte Knoblauchsrauke-Blätter
- 1 Prise getrocknete, gemahlene Spitzwegerich-Blätter
- 1 TL getrocknete, gerebelte Löwenzahnblüten-Blätter
- 1 TL gerebelte Dostblüten
- 1 Prise Salz

Alle Zutaten in 250 g Frischkäse unterrühren.

TOMATEN-GEWÜRZSALZ

- 50 g mildes Salz, z. B. Meersalz
- 2 gehäufte TL gerebeltes Gundermannkraut
- 1 gehäufter TL geröstete, gemahlene Wiesenbärenklau-Samen
- ½ TL getrocknete, gemahlene Wilde-Möhre-Samen

HASELNUSS-SCHOKOLADEN-CREME MIT MÄDESÜSS

FÜR 1 GLAS (CA. 250 ML)

- 200 g Haselnusskerne
- 65 g Butter oder Pflanzenfett
- 1 guter TL Honig
- 2 gestrichene TL Kakao
- 1 Prise getrocknete Mädesüß-Blüten

Die Haselnusskerne ohne zusätzliches Fett in einer Pfanne bei mittlerer Temperatur unter ständigem Rühren rösten, bis sie eine goldbraune Farbe bekommen und sich die Röstaromen entfalten. Die Nüsse etwas abkühlen lassen und dann im Mörser fein mahlen.

Butter, Kakaopulver und Honig dazugeben und alles mit einer Gabel oder einem Stampfer zu einer gleichmäßigen Masse verarbeiten. Mit etwas Mädesüß abschmecken und in ein steriles Glas füllen.

ZUTATEN

Kornelkirschkerne
Waser

RÖSTKAFFEE AUS KORNELKIRSCHKERNEN

Die gesäuberten Kerne in einer Pfanne ohne Fett bei mittlerer Hitze unter Rühren ca. 20 Minuten rösten, bis sie dunkelbraun werden und sich die Röstaromen entfalten.

Etwas abkühlen lassen und in einer Kaffeemühle zu Pulver vermahlen. Mit heißem, nicht mehr kochendem Wasser aufbrühen.

RÄUCHERN MIT KRÄUTERN

Wildpflanzen bieten uns nicht nur kulinarische Möglichkeiten. In all ihren Teilen verbergen sich Geheimnisse, intensive und wunderbare Düfte, die man das ganze Jahr über genießen kann, für besondere Anlässe, Zeremonien oder einfach, um zu Hause eine entspannte Atmosphäre zu erzeugen. Es gibt viele Räuchertechniken: vom einfachen Verbrennen der Kräuter direkt auf dem Feuer, bis zur Herstellung komplexer Duftkompositionen in Form von Räucherstäbchen oder -kegeln.

Wurzeln, Blätter, Blüten, Früchte, Rinde, Harze und Samen können getrocknet und kombiniert werden, um individuelle Kompositionen herzustellen. Wir empfehlen für den Anfang, Räucherkohle zu besorgen und dann vorsichtig die ausgewählten Kräuter auf die Glut zu legen.

Im Prinzip kann man auf Kohle alle Kräuter verräuchern, aber nicht alle riechen gut. Man beginnt am besten mit einigen bekannten trockenen Kräutern, wie z. B. Brennnessel, Oregano, Lavendel oder Minze, später kann man sich an weitere herantasten.

Jede Pflanze hat ihre eigenen speziellen Eigenschaften, die kombiniert werden können, um die individuellen Gerüche zu erzeugen, die unseren Alltag bereichern können. Versuche einfach, nach Deinem Gefühl Deine eigene Mischung zu finden.

PFLANZEN-PORTRAITS

BÄRLAUCH

ALLIUM URSINUM L.

Bärlauch ist eine mehrjährige Pflanze aus der Unterfamilie der Lauchgewächse (Alliaceae). Sie ist mit dem Knoblauch verwandt und wohl eine der derzeit populärsten essbaren Wildpflanzen.

HERKUNFT UND VERBREITUNG

Bärlauch wächst an schattigen und feuchten Stellen in Laubwäldern oder Auenwäldern, oft in großen, bodendeckenden Gruppen.

ERKENNUNGSMERKMALE

Die Pflanze verströmt einen intensiven Knoblauchgeruch, der im Frühjahr von März bis Mai die olfaktorische Signatur vieler Wälder bestimmt. Ab März zeigen sich die ersten, hellgrünen, glänzenden Blätter. Sie können bis zu 20 cm lang werden, haben eine lanzettartige Form, glatte Außenränder, eine glatte Oberfläche mit sehr feiner, parallel verlaufender Äderung und entwickeln relativ lange, fleischige Stiele. Die Blattunterseiten sind matt und die Blätter sind sehr dünn. Der schlanken, mit relativ langen, kräftigen Wurzeln besetzten Zwiebel entspringen die Blätter und Blütenstiele. An einem Blattstiel befinden sich nie mehrere Blätter. Die Blütezeit dauert von April bis Mai. Der Blütenstängel wird ca. 25–40 cm hoch und ist dreikantig. Der halbkugelartige Blütenstand besteht aus weißen Einzelblüten mit meistens je sechs spitz zulaufenden sternförmig angeordneten Blütenblättern. Die grünen Samenfrüchte sehen aus wie drei miteinander verwachsene Kügelchen.

WICHTIGE INHALTSSTOFFE

Bärlauch enthält u. a. Lauchöle, Schleimstoffe, Vitamin C und ätherisches Öl.

VERWENDUNG

Er ist genauso köstlich wie vielseitig. Man kann die Blätter, Blüten, Knospen, Samen und Zwiebeln verwenden. Die Blätter erntet man am besten vor der Blüte. Mit seinem knoblauchartigen, mild-scharfen Aroma rundet er Suppen, Saucen und andere herzhafte Gerichte aller Art ab, wie zum Beispiel Quiches, Kräuterquark, Rösti, oder Pasta-Gerichte. Sehr gut passt er auch in Kräutersalz, -essig und -öl. Bärlauch-Pesto ist mittlerweile ein Klassiker, den es überall im Handel zu kaufen gibt. Die Samen kann man auch getrocknet als Gewürz benutzen. Wir füllen sie gerne einfach in die Pfeffermühle.
Bärlauch wirkt u. a. schleimlösend, antibakteriell, entzündungshemmend und wird schon seit langer Zeit für Stärkungskuren verwendet.

WICHTIGE HINWEISE

Bärlauch kann von unerfahrenen Sammlern mit dem Maiglöckchen (Convallaria majalis), der Herbstzeitlosen (Colchicum autumnale) und dem gefleckten Aronstab (Arum maculatum) verwechselt werden! Maiglöckchen und Aronstab haben jedoch keine Zwiebel, sondern einen Wurzelstock. Der Aronstab hat keine parallele, sondern eine netzartige Äderung. Die Herbstzeitlose entspringt zwar wie Bärlauch einer Zwiebel, hat jedoch fleischige Blätter. Herbstzeitlose, Maiglöckchen und Aronstab riechen nicht nach Knoblauch!

BEHAARTES FRANZOSEN-KRAUT

GALINSOGA CILIATA (RAF.) BLAKE

Die Pflanze gehört zur Familie der Korbblütengewächse (Asteraceae)

HERKUNFT UND VERBREITUNG

Das ursprünglich aus Südamerika stammende Kraut fand seine Verbreitung in Deutschland zur Zeit Napoleons, wodurch es fälschlicherweise seinen Namen „Franzosenkraut“ erhielt. Umgangssprachlich wird es auch „Knopfkraut“ genannt. Dieser Name geht nach Erzählungen auf die Knöpfe der französischen Soldaten zurück, denen diese Blüten sehr ähnlich gewesen sein sollen.
Diese Pionierpflanze ist ein typischer Kulturbegleiter und oft als „Ackerbeikraut“ zu finden. Es wächst auch häufig an Wegrändern und in Gärten und bevorzugt nährstoffreiche, lehmige Böden.

ERKENNUNGSMERKMALE

Der einjährige Korbblütler mit gegenständigen Blättern wächst bis auf eine Größe von ca. 50 cm heran. Der Stängel ist weißzottig behaart. Die Blätter sind oval, gezähnt und spitz zulaufend. Sie sind ebenfalls auf beiden Seiten behaart. An der Spitze der Pflanze bilden sich zierliche Blütenköpfchen mit fünf kleinen, sich nicht berührenden weißen Blütenblättern, die zweifach spitz eingekerbt sind. Das Innere der Blüten ist gelb.

WICHTIGE INHALTSSTOFFE

Das Behaarte Franzosenkraut hat einen hohen Eisengehalt und fast so viel Calcium wie die Brennnessel, sowie viele andere Mineralien, wie z. B. Magnesium, Kalium und Mangan. Außerdem enthält es Vitamin A und C.

VERWENDUNG

Zwischen Juli und September kann man das salatartig schmeckende Kraut inklusive der Blüten, mit Ausnahme der zähen Stängelteile, ernten und z. B. für Salate verwenden. In Suppen, Eintöpfen oder Saucen, getrocknet oder frisch, lässt sich sein aromatischer Geschmack gut einbringen. Für Smoothies oder Gemüsesäfte kann das Kraut ebenso verwendet werden.
Die Blüten des Behaarten Franzosenkrautes sind eine schöne, essbare Dekoration für unterschiedlichste Speisen. Die Samen, die das Kraut neben den Blüten von Juli bis Oktober immer wieder neu bildet, enthalten Öl, das durch Pressen zu Speiseöl verarbeitet werden kann.

GEWÖHNLICHER DOST

ORIGANUM VULGARE L.

Der gewöhnliche Dost, auch „wilder Majoran" oder „wilder Oregano" genannt, gehört der Familie der Lippenblütengewächse (Lamiaceae) an.

HERKUNFT UND VERBREITUNG

Der Dost, der von den Römern aus Italien mitgebracht wurde, ist eine Pionierpflanze, die an trockenen und warmen Standorten wächst. Man findet ihn vor allem an sonnigen Hängen, in Bergwiesen, Kahlschlägen sowie auf lehmigen Böden an Waldrändern. Er gedeiht in ganz Mittel- und Westeuropa bis hin nach Osteuropa.

ERKENNUNGSMERKMALE

Der Dost wird bis zu 50 cm hoch. Wenn es ihm an einer Stelle gefällt, wird er von Jahr zu Jahr dichter. Sein rötlich überlaufender Stängel ist rundlich, behaart und wächst aufrecht. Wenn die Pflanze genug Platz hat, bilden sich in den Blattachseln zahlreiche Seitentriebe. Die Blütenstände der weiß-rosa bis weinroten Blüten sind doldig und rispenähnlich. Die Blätter, die bis zu 4 cm lang werden, sind eiförmig, leicht behaart und haben einen glatten Rand. Er ist gut am typischen „Oregano"-Duft zu erkennen.

WICHTIGE INHALTSSTOFFE

Der Dost enthält u. a. ätherische Öle, Gerb- und Bitterstoffe sowie Flavonoide.

VERWENDUNG

In der Heilkunde wird der Dost überwiegend als Tee verwendet, z. B. als Hustenmittel oder gegen Menstruationsbeschwerden. Bei Wunden oder anderen, äußerlichen Anwendungen helfen vor allem seine antibakteriellen Eigenschaften durch das enthaltene ätherische Öl. Dost wurde schon im Mittelalter als Heilmittel sowie als Schutz vor Dämonen und bösen Geistern eingesetzt. Auch wurden früher Spirituosen oder Bier mit ihm aromatisiert.

In der Küche findet der Dost als sehr aromatisches Gewürzkraut seinen Platz auf Pizzen, in Salaten, Pastasaucen, Suppen oder zu Gemüse- und Käsegerichten. Er ist nahe verwandt mit dem beliebten Majoran. Getrocknet können sowohl die Blüten als auch die Blätter benutzt werden. Die Stängel werden als Aromaspender in Suppen und Eintöpfen mitgekocht und vor dem Servieren entfernt. Als Räucherpflanze wirkt er stimmungsaufhellend, reinigend und krampflösend.

Man kann aus den Blüten rötliche Farbtöne, beispielsweise für die Malerei gewinnen.

BEMERKENSWERTES

In den Blüten des Dostes finden Schmetterlinge und andere Insekten wertvolle Nahrung.

WICHTIGE HINWEISE

Der Dost sollte während der Schwangerschaft nicht innerlich eingenommen werden.

EBERESCHE

SORBUS AUCUPARIA L.

Die Eberesche gehört zur Familie der Rosengewächse (Rosaceae).

HERKUNFT UND VERBREITUNG

Der bis zu 15 m hohe Baum wächst häufig an Wald-, Feld- und Wegesrändern, in Laubwäldern und Parkanlagen. Wie so viele Bäume oder Büsche mit kleinen rötlichen Früchten wird die Eberesche oft verallgemeinernd als „Vogelbeere" bezeichnet.

ERKENNUNGSMERKMALE

Die Rinde des meist schlanken Stammes hat eine glatte Oberfläche. Die ausladenden, langen Fiederblätter bestehen aus schmalen, fein gezähnten Einzelblättern, die sich paarig gegenüberstehen, den Abschluss bildet ein Einzelblatt. Die dichten, weißen Blütenrispen zeigen sich von Mai bis Juni und erinnern an Dolden. Die etwa erbsengroßen, glänzenden Früchte erkennt man ab September an ihrer leuchtend orange-roten Farbe. Sie bleiben bis in den Winter hinein am Baum hängen, was die Eberesche zu einem wichtigen Vogelnährgehölz in dieser kargen Zeit macht.

WICHTIGE INHALTSSTOFFE

Die Beeren enthalten u. a. Vitamin C, Gerbstoffe, Zitronensäure und Apfelsäure.

VERWENDUNG

Für die Küche sind sie aufgrund ihres fruchtig-bitter-sauren Aromas sehr interessant.
Ernten kann man sie ab ca. Mitte Oktober. Wer es etwas milder mag, wartet mit der Ernte bis nach dem ersten Frost oder legt die Beeren über Nacht ins Gefrierfach, da sie so Bitterstoffe abbauen. Ihr Saft bereichert Limonaden, Mischsäfte und Cocktails, aber auch Suppen und Saucen, Gebäck, Chutneys oder Desserts. Die Eberesche eignet sich außerdem hervorragend für fruchtige Aufstriche. Wir nutzen Ebereschen-Gelee auch gerne zum Aromatisieren von Salat-Dressings.

WICHTIGE HINWEISE

Wie auch Holunder beispielsweise können die Beeren roh und in größeren Mengen genossen Verdauungsbeschwerden, Durchfall und Erbrechen verursachen, daher sollte man sie unbedingt vor dem Verzehr durcherhitzen.

ECHTE KAMILLE

MATRICARIA CHAMOMILLA L.

Die Echte Kamille gehört zur Pflanzenfamilie der Korbblütler (Asteraceae).

HERKUNFT UND VERBREITUNG

Die ursprünglich aus Süd- und Osteuropa stammende anspruchslose Echte Kamille ist mittlerweile nahezu weltweit verbreitet und wächst an Wegrändern, auf Wiesen, Äckern und brachliegenden Feldern.

ERKENNUNGSMERKMALE

Der einjährige Korbblütler erreicht, bei einem stark verzweigten, aufrechten Stängel, der aus der Blattrosette wächst, eine Größe von bis zu 50 cm. Der Stängel ist glatt und rund mit Seitenästen, aus denen sich neue, feingliedrige Blättchen bilden. Um den gelben, hohlen Blütenkorb herum wachsen weiße Zungenblüten. Dieser hohle Blütenkorb ist ein wichtiges Erkennungsmerkmal der Echten Kamille und unterscheidet sie von anderen Kamille-Arten, wie z. B. der Acker-Hundskamille oder der Geruchlosen Kamille. Die Echte Kamille duftet sehr aromatisch.

WICHTIGE INHALTSSTOFFE

Die Echte Kamille liefert u. a. ätherische Öle, Bitterstoffe, Flavonoide und Cumarin.

VERWENDUNG

Die bekannteste Nutzung der Echten Kamille ist eine Teezubereitung oder ein Absud für die Heilung von verschiedenen Magen-Darm-Erkrankungen und als krampflösendes, beruhigendes Mittel. Eine andere Möglichkeit ist ein entspannendes Bad mit Kamillenblüten sowie Inhalationen bei Nasennebenhöhlenentzündungen oder Heuschnupfen.

In der Küche kann man Echte Kamille in geringen Mengen für die Aromatisierung von Spirituosen, Bier, Smoothies und süßen Speisen verwenden. Eine entspannende Atmosphäre kann durch Räuchern der Blüten geschaffen werden. Die Sammelzeit ist von Mai bis Juli, besonders bei Sonnenschein.

ECHTES MÄDESÜSS

FILIPENDULA ULMARIA (L.) MAXIM.

Mädesüß gehört zur Familie der Rosengewächse (Rosaceae).

HERKUNFT UND VERBREITUNG

Zu finden ist Mädesüß auf nährstoffreichen Lehm- und Tonböden, in den halbschattigen Bereichen feuchter Wiesen oder in der Nähe von Bächen und Teichen.
Die Blätter ähneln denen der Ulme, woher sie auch einen Teil ihres Namens erhalten hat – Ulmaria.
Der Name „Mädesüß" geht auf den bekannten altgermanischen Trunk aus Honig und Wasser, genannt Met, zurück, der mit Mädesüß gewürzt wurde.

ERKENNUNGSMERKMALE

Mädesüß ist eine mehrjährige Pflanze, die bis zu 1,5 m groß werden kann. Ein wichtiges Erkennungsmerkmal dieser Wildpflanze sind die bauschigen, aus kleinen cremefarbenen Blüten bestehenden Rispen, die einen intensiven und vanilleartigen süßlichen Duft verströmen. Die Fiederblätter mit kleinen Zwischenfiedern haben einen gesägten Rand und sind leicht behaart. Am Ende des Stiels befindet sich ein dreigeteiltes Endblatt. Der Blattstängel weist oft eine rötliche Färbung auf.

WICHTIGE INHALTSSTOFFE

Mädesüß enthält u. a. Flavonoide, Gerbstoffe, ätherisches Öl, Salicylsäureverbindungen, Vanillin, Zitronen- und Kieselsäure.

VERWENDUNG

Die entzündungshemmende und schmerzlindernde Wirkung dieser Wildpflanze liefert der in ihr enthaltene Basisstoff für z. B. Aspirin, die Salicylsäure. Teeaufgüsse der Pflanze werden u. a. bei Fieber, Kopfschmerzen und Rheuma eingesetzt.
Durch den bittersüßen Geschmack ihrer Blüten und Früchte findet Mädesüß in der Küche vielfach Verwendung zum Aromatisieren von Getränken wie Tee, Spirituosen, Bier oder Limonade sowie von Desserts, Frucht- und Süßspeisen oder Essig.
Die jungen, weichen Blätter und Triebe können auch Gemüsegerichten oder Salaten zugefügt werden. Die Wurzeln eignen sich in kleinen Mengen als Gewürz.
Getrocknet kann Mädesüß mit seinem angenehmen Geruch auch als Raumduftspender, z. B. in Kräuterkissen verwendet werden. Auch als Färbemittel eignet sich die Pflanze gut. Aus den Blüten und Blättern lässt sich ein gold-gelber Farbton extrahieren. Die Wurzeln liefern eine schwarze Farbe.

BEMERKENSWERTES

Um die Fortpflanzung zu gewährleisten, bedient sich Mädesüß der Hilfe von Bienen, Schwebfliegen sowie anderer Insekten, die vom süßlichen Duft angelockt und mit pollenreichen Blüten belohnt werden.

WICHTIGE HINWEISE

Bei einer Allergie/Unverträglichkeit gegen Aspirin bzw. der darin enthaltenen Salicylsäure sollte diese Pflanze nicht verwendet werden.

GEMEINE HASEL

CORYLUS AVELLANA L.

Die Gemeine Hasel gehört zur Familie der Birkengewächse (Betulaceae).

HERKUNFT UND VERBREITUNG

Sie wächst meist als mehrstämmiger Strauch, der im Schnitt ca. 5–6 m hoch wird.
Man findet sie oft am Rand von Laubwäldern, an Wegen, Hecken und in Gärten oder Parkanlagen.

ERKENNUNGSMERKMALE

Die Hasel kann ein Alter von bis zu 100 Jahren erreichen. Die meist bauchig-oval geformten Blätter haben eine feine, samtige Behaarung und laufen spitz zu. Die Blattränder sind gezähnt. Die Blüten bilden sich im Winter noch vor den Laubblättern und sind bis in den April hinein zu sehen. Die herabhängenden und sehr pollenreichen männlichen Blütenkätzchen fallen durch ihre wurmartige Form auf. Sie haben eine grün-gelbliche Farbe. Die unscheinbaren, knospenartigen weiblichen Blüten sind deutlich kleiner.
Die bei Mensch und Tier gleichermaßen beliebten hartschaligen Nussfrüchte werden ab einem Alter von ca. zehn Jahren gebildet. Sie werden von einer becherförmigen, am Rand gezähnten Hülle geschützt und erreichen ihre Reife im September/Oktober.

WICHTIGE INHALTSSTOFFE

Sie sind sehr nährstoffreich, enthalten wertvolles Öl, viel Eiweiß, Vitamine, Mineralien, Spurenelemente und unter anderem auch Salicylsäure.

VERWENDUNG

Die Blätter der Hasel kann man jung ernten und Gemüsegerichten beimischen. Der Geschmack ist jedoch nicht besonders spektakulär. Die pollenreichen männlichen Blüten kann man diversen Gerichten als Proteinlieferant beigeben oder nach Trocknung ein vielseitig einsetzbares proteinreiches Mehl daraus herstellen.
Besonders köstlich und abwechslungsreich für die Küche geeignet sind natürlich die Nüsse, die schon seit Beginn der Menschheitsgeschichte von uns Menschen geschätzt und verwendet werden und wegen derer die Hasel auch heute noch intensiv angebaut wird. Man kann sie einfach roh essen oder zum Kochen und Backen benutzen. Sehr beliebt ist auch die Verarbeitung zu diversen Aufstrichen und Süßigkeiten. Besonders feine Aromen entfalten die Nüsse bei der Röstung. Das aus ihnen gepresste delikate Speiseöl ist eine wunderbare Zutat für die kalte Küche.

BEMERKENSWERTES

Die Hasel ist als Frühblüher ein wichtiger Pollenlieferant für Honigbienen.

GEMEINE NACHTKERZE

OENOTHERA BIENNIS L.

Die Nachtkerze gehört zur Familie der Nachtkerzengewächse (Onagraceae).

HERKUNFT UND VERBREITUNG

Die gemeine Nachtkerze wurde im 17. Jahrhundert als Zierpflanze von Nordamerika nach Europa eingeführt. Die weite Verbreitung in Europa ist aber auf den häufigen Anbau als Gemüsepflanze im 19. Jahrhundert zurückzuführen. Aufgrund ihrer Anspruchslosigkeit an Bodenbegebenheiten verbreitete sich die Gemeine Nachtkerze sehr schnell und wurde somit ein wichtiger Bestandteil der heutigen Flora Mitteleuropas. Sie ist in sandigen Böden am Rande von Seen, Wiesen, an Wegrändern und auf Brachflächen sowie als Zierpflanze in Gärten zu finden.

ERKENNUNGSMERKMALE

Die zweijährige Pflanze erlangt eine Höhe von bis zu 1 m. Die weiß-rötlichen Wurzeln sind rübenförmig und fleischig. Daraus bildet sich im ersten Lebensjahr eine Rosette mit länglich-elliptischen Blättern, aus der sich im zweiten Lebensjahr ein haariger Blütenstängel entwickelt. Die hellgrünen, im unteren Bereich meist ins Rötliche überlaufenden Blätter sind lang gestielt und haben eine kleine Spitze, die ebenfalls flaumig behaart ist. Sie sitzen in gegenständiger Anordnung direkt am Stängel. In den Achsen der oberen Stängelblätter bilden sich im Frühsommer die gelben Blüten, die sich in der Nacht öffnen und sehr stark duften. Durch ihr leuchtendes Gelb sticht sie auch in der Dämmerung optisch klar heraus.

WICHTIGE INHALTSSTOFFE

Die Samen der Nachtkerze beinhalten eine hohe Konzentration an Gamma-Linolensäure. Daneben enthalten die Blätter u. a. Flavonoide, Gerb- und Schleimstoffe sowie Zucker. In den Wurzeln finden sich außerdem Stärke, Eiweiß und Mineralstoffe.

VERWENDUNG

In ihrem ersten Lebensjahr (Rosettenstadium), etwa ab September, kann man die fleischigen Wurzeln sammeln, die ein tolles Gemüse sind. Püriert bilden sie z. B. eine ausgezeichnete Grundlage für Bratlinge. Die jungen Blätter, die von April bis Juni gesammelt werden können, sind ebenfalls essbar und können zu Salaten hinzugefügt oder wie Spinat zubereitet werden. Eine Delikatesse sind auch die Blütenknospen, die man roh oder eingelegt genießen kann. Sie eignen sich als leckere Füllung für z. B. Maultauschen oder als Zutat für Tortillas. Die Blüten sind eine schöne, essbare Dekoration für Salate und können auch kandiert zum Verfeinern von Süßspeisen verwendet werden.
Ab September kann man die reifen Samen in Müslis gebrauchen oder zur Herstellung von Brot und Gebäck nutzen. Sie schmecken zwar nicht so gut wie der Rest der Pflanze, sind aber dafür sehr gesund.

BEMERKENSWERTES

Die Nachtkerze erhielt im Volksmund den Namen „Schinkenwurz", da sich ihre Wurzeln beim Garen rötlich verfärben. Die Verwendung der Pflanze als Nahrung hat im Laufe der Zeit abgenommen. Heute wird sie überwiegend nur für die Gewinnung des hochwertigen Öls aus den Samen angebaut.

GEMEINER WASSERDARM

STELLARIA AQUATICA L.

Der Gemeine Wasserdarm ist ein ca. 20–50 cm hoher, mehrjähriger Vertreter aus der Familie der Nelkengewächse (Caryophyllaceae). Er ist eng mit der Vogelmiere verwandt.

HERKUNFT UND VERBREITUNG

Die Pflanze wächst meist in Gruppen an Bach- und Teichufern, an Gräben und Waldwegen und prinzipiell feuchten Standorten.

ERKENNUNGSMERKMALE

Die Blätter sind länglich-oval, leicht herzförmig, paarig gegenständig und direkt am kantigen, im oberen Teil behaarten Stängel angesetzt. In den unteren Pflanzenbereichen können sie auch kurze Blattstiele aufweisen. Die kleinen knolligen, spitz zulaufenden grünen Blütenknospen stehen an verhältnismäßig langen Stielchen von der Pflanze ab. Die Blüten, die sich ungefähr von Anfang Juni bis Anfang September zeigen, sind weiß, im Durchmesser ca. 0,5–1 cm groß und haben fünf Blütenblätter, die fast komplett geteilt sind, sodass es wirkt, als seien es zehn.

Der Name „Wasserdarm" bezieht sich auf die darmartig im Stängel befindlichen Leitbündel für den Wasser- und Nährstofftransport. Reißt man den Stängel in Wuchsrichtung ab, wird dieser „Darm" freigelegt.

VERWENDUNG

Der Wasserdarm hat dieselben Inhaltsstoffe wie die Vogelmiere (siehe S. 84) und schmeckt auch sehr ähnlich, daher kann man ihn genauso verwenden. Da seine Struktur jedoch zäher ist, als die der Vogelmiere, ernten wir nur die zarten, oberen 5–10 cm der Triebe.

GEWÖHNLICHE FICHTE

PICEA ABIES (L. H. KARST)

Die Gewöhnliche Fichte gehört zur Familie der Kieferngewächse (Pinaceae).

HERKUNFT UND VERBREITUNG

Dieser harzige Nadelbaum kann eine Höhe von bis zu 45 m erreichen. In der Regel wächst die gewöhnliche Fichte in Nadel- und Mischwäldern sowie Bergregionen. Einige Exemplare können bis zu 600 Jahre leben. Sie bevorzugt feuchte Standorte mit Lehm- und Tonböden. In kleinerer Zuchtform wird sie auch in Parks und Gärten gepflanzt.

ERKENNUNGSMERKMALE

Die Form des immergrünen Nadelbaums entspricht einem schmalen Kegel, der nach oben spitz zuläuft. Seine Borke ist rotbraun und blättert im Alter schuppig ab. Die Nadeln erreichen eine Länge von 1–3 cm und sind meist vierkantig und spitz. Zwischen Mai und Juni erblüht sie in rötlichen Blütenständen die rund und ca. 2 cm groß sind. Die hellbraunen Zapfen, die zunächst aufrecht wachsen und dann zum Spätwinter hin abfallen, sind zylindrisch und bis zu 16 cm groß.

WICHTIGE INHALTSSTOFFE

Die Inhaltsstoffe der gewöhnlichen Fichte sind u. a.: ätherisches Öl, Terpentinöl, Harz, das Glykosid Picein, Gerbstoffe, Vitamin C und Zucker.

VERWENDUNG

Abgesehen von der Nutzung ihres Holzes für Instrumente, Mobiliar oder Boote, werden ihre Nadeln und ihr Harz gesammelt und verwendet. Ihre jungen und zarten grünen Triebe, die man am besten von April bis Mai erntet, werden aufgrund ihres hohen Vitamin-C-Gehalts gerne für die Herstellung von Tees gegen Frühjahrsmüdigkeit verwendet. Solange der Trieb im Kern noch weich ist, können sie ebenso für die Herstellung von Spirituosen, Wein, Saucen und Marmeladen verwendet werden. Ihr tolles zitronenartiges Aroma eignet sich gut als Gewürz für Salate, Dips oder zum Backen. Das Fichtenharz kann von Juni bis August gesammelt und zur Herstellung von Räucherwerk als natürliches Bindemittel genutzt werden. Die Nadeln eignen sich ebenso zum Verräuchern und verbreiten einen angenehmen Duft.

WICHTIGE HINWEISE

Junge Fichten können mit der Eibe (Taxus baccata) verwechselt werden, die bis auf das Fruchtfleisch ihrer Früchte sehr giftig ist.

GEWÖHNLICHE KNOBLAUCHS-RAUKE

ALLIARA PETIOLATA (M. BIEB) CAVARA & GRANDE

Die Knoblauchsrauke, auch bekannt als „Knoblauchkraut" oder „Knoblauchhederich", gehört zur Familie der Kreuzblütengewächse (Brassicacea).

HERKUNFT UND VERBREITUNG

Die Knoblauchsrauke wächst wild in ganz Europa auf halbschattigen, nährstoffreichen Böden. Man kann sie an Waldrändern, in Gebüschen, Hecken, an Mauern und Wegrändern oder auf Schuttplätzen finden. Über ihre Wurzeln verströmt sie einen Stoff, der dafür sorgt, dass sich in ihrer unmittelbaren Nähe nur wenige andere Pflanzen ansiedeln.

Der Name Alliara petiolata setzt sich zusammen aus „Allium" = „Knoblauch" und „Petiolata" = „mit einem Stiel". Der deutsche Name „Knoblauchsrauke" bezieht sich auf den Duft von Knoblauch, der verströmt wird, wenn die Blätter gerieben werden.

ERKENNUNGSMERKMALE

Die zweijährige Knoblauchsrauke bildet in ihrer ersten Periode ihre Grundblätter, die zunächst nierenförmig sind und am Blattrand eine feine, eher rundliche Zackung aufweisen. Im zweiten Lebensjahr, wenn die Triebe blühen, nehmen die Blätter eine Herzform mit zackigen Blatträndern an. Die weißen Blüten sind vierzählig und stehen in Trauben am Ende der Stängel. Sie blühen von April bis Juni und bilden bis zu 6 cm lange, schmale und diagonal von der Pflanze abstehende Samenschoten aus. Die kleinen Samen sind ca. 2–3 mm lang und schwarz-braun.

WICHTIGE INHALTSSTOFFE

Die Knoblauchsrauke enthält Knoblauch- und Senföl. Sie hat ähnliche Wirkstoffe wie der Knoblauch, ist reich an Vitaminen wie z. B. Provitamin A und Vitamin C, Saponinen und Mineralstoffen.

VERWENDUNG

Die Knoblauchsrauke ist eine der ersten Pflanzen im Jahr, die man ernten kann. Die Blätter und jungen Triebe können bereits ab April geerntet werden und bilden eine hervorragende Basis für z. B. Pestos. Es empfiehlt sich, die jungen grünen Blätter noch vor der Blüte zu pflücken, da die Blätter nach der Blütezeit einen bitteren Geschmack annehmen. In Streifen geschnitten verfeinern sie Salate und fein gehackt lassen sie sich gut für Dressings, Kräuterquark, Kräuterbutter oder Saucen verwenden. Auch Suppen geben sie eine interessante Geschmacksnote. Die sehr würzigen Wurzeln, die im Frühjahr oder Herbst geerntet werden können, sind ebenfalls essbar und werden oft als Gewürz verwendet.

Innerlich angewendet dient die Knoblauchsrauke der (Körper-)Reinigung, äußerlich angewendet heilt sie kleine Wunden und beruhigt Insektenstiche. Die Knoblauchsrauke ist ein Stickstoffanzeiger und wird außerdem in der Pflanzenfärberei zum Gelbfärben eingesetzt.

GEWÖHNLICHE MAHONIE

MAHONIA AQUIFOLIUM (PURSH) NUTT.

Die Gewöhnliche Mahonie gehört zur Familie der Berberitzengewächse (Berberidaceae).

HERKUNFT UND VERBREITUNG

Diese Pflanze stammt aus Nordamerika und hat sich in den letzten Jahren in Europa als Neophyt stark verbreitet. Man findet sie in wilder Form in Wäldern, Gärten und Parks. Die Mahonie passt sich den Bodenbegebenheiten schnell an und wächst auf feuchten, trockenen oder sauren bis neutralen Böden. Man kann sie auch an sonnigen Standorten finden, obwohl sie halbschattige Plätze bevorzugt. Sie ist frostresistent und ihre kräftigen, dauerhaften Wurzeln passen sich leicht an die Stadtlandschaft an.

ERKENNUNGSMERKMALE

Die kleinen, buschigen Sträucher der Mahonie können eine Höhe von bis zu 1,50 m erreichen. Ihre eiförmigen

und elliptisch geformten Laubblätter, die sich im Winter teilweise dunkelrot färben, können bis zu ca. 25 cm lang werden. Sie erinnern optisch ein wenig an Ilex-Blätter. Sie fühlen sich lederartig an und sind unpaarig gefiedert. Die Oberseite ist dunkelgrün und glänzend, die Unterseite ist etwas heller gefärbt. Der stachelzahnige Blätterrand ist mehr oder weniger stark gewellt und die gelben Blüten sind an der Unterseite intensiv rot gefärbt. Ihre elliptisch geformten Früchte, die traubenartig angeordnet sind, variieren zwischen purpurschwarz und hellblau mit Bereifung. Sie schmecken sauer und sollten nicht roh verzehrt werden, da dies zu Durchfall und Erbrechen führen kann.

INHALTSSTOFFE

Die Mahonie enthält u. a. Gerbsäure, Berberin, Palmatin, Harz und ist reich an Vitamin C.

VERWENDUNG

In ihrer Heimat Nordamerika wird die Mahonie von den Indianern schon lange als Heilpflanze eingesetzt.
Vor allem wegen ihrer Wirkung zur Stärkung des Verdauungssystems.
Ihre Früchte sind ein sanftes und wirkungsvolles Abführmittel.
In der Küche müssen die Früchte, genau wie der Holunder, zunächst durcherhitzt werden, um einen schmackhaften Saft gewinnen zu können. Mit diesem leicht säuerlichen Saft können Saftmischungen, Liköre, Wein oder Most hergestellt werden. Der Saft kann auch zu Gelee oder Chutney verarbeitet oder als vitaminreiche Zutat zu Joghurts oder Quark verwendet werden. Um ganzjährig auf die Vitaminbombe zugreifen zu können, kann man die Beeren auch trocknen. Auch für die Farbgewinnung eignet sich die Gewöhnliche Mahonie sehr gut. Aus den Wurzeln und der Rinde lässt sich ein Gelb-Gold extrahieren, aus den Früchten ein intensives Purpurrot.

WICHTIGE HINWEISE

Die Gewöhnliche Mahonie sollte nicht zusammen mit Süßholz verwendet werden, da sich ihre Wirkungen gegenseitig aufheben.

GEWÖHNLICHE VOGELMIERE

STELLARIA MEDIA ((L.) VILL.)

Die Gewöhnliche Vogelmiere gehört zur Familie der Nelkengewächse (Caryophyllaceae). Der lateinische Namensteil „stellaria" verweist auf die sternförmige Anordnung der Kronblätter. Die deutsche Bezeichnung „Vogelmiere" geht wahrscheinlich auf die Nutzung als Vogelfutter zurück.

HERKUNFT UND VERBREITUNG

Die zarte krautige Pflanze wächst meist bodendeckend in größeren Gruppen und wird bis zu ca. 40 cm groß. Die ovalen Blätter enden in einer Spitze. Die Pflanze ist paarig gefiedert, das bedeutet, jeweils zwei Blätter stehen sich gegenüber. Die dünnen, flexiblen Stängel sind auf einer Seite behaart. Die feinen Haare bilden zumeist eine dünne Linie. Die Vogelmiere verzweigt sich in den Blattachsen. Die kleinen Blütenblätter sind weiß und beinahe komplett zweigeteilt, sodass es meist wirkt, als habe die Pflanze zehn einzelne Blütenblätter. Unter den Blütenblättern sitzen fünf Kelchblätter, die in etwa so lang sind wie die Blütenblätter. Die Staubblätter haben eine violette Farbe. Die Pflanze bildet kleine kapselartige Fruchtkörper, die meist in den Blattachsen an sehr dünnen Stielchen hängen.

ERKENNUNGSMERKMALE

Die Vogelmiere ist ein typisches Ackerbeikraut und ist somit besonders oft auf Äckern und Gartenbeeten anzutreffen. Man sieht sie aber auch in Mauerritzen, zwischen Gehwegplatten und auf Brachflächen. Sie gedeiht besonders gut auf nährstoffreichen Böden. Sie ist, ganz anders als man dies von einem solch zarten Gewächs vermuten würde, sehr widerstandsfähig. Man findet sie in der gesamten Vegetationsperiode und sogar im Winter. Sie kann eine ganze Zeit selbst unter einer Schneedecke überleben, in Jahren mit milden Wintern ist sie teilweise ganzjährig präsent.

WICHTIGE INHALTSSTOFFE

Die Vogelmiere ist reich an Vitaminen, Mineralien und Spurenelementen. Sie enthält u. a. die Vitamine C, A und B, Magnesium, Calcium, Kalium, Eisen, Selen, Saponine und Kieselsäure.

VERWENDUNG

In der Naturheilkunde wird die Vogelmiere u. a. als Kräftigungsmittel, bei Erkältungskrankheiten und rheumatischen Erkrankungen verwendet.

In der Küche ist die Vogelmiere vielseitig einsetzbar: Sie ist besonders delikat und schmeckt nach zarten, jungen Erbsen. Gerne wird sie für grüne Smoothies verwendet. Sehr gut passt sie auch in Gemüsesäfte. Man kann die Vogelmiere als Rohkost genießen, beispielsweise in Salaten oder püriert und mit Joghurt gemischt als Sauce zu Gemüsegerichten. Gegart bereichert sie als besonders zartes Gemüse den Speiseplan. Besonders gut eignet sie sich als frisch schmeckende filigrane Dekoration für herzhafte Gerichte. Man kann die krautigen Bestandteile der Pflanze komplett verwenden, daher ist es möglich, sie für den Verzehr in ganzen Büscheln zu ernten. Bei trockener Witterung können die unteren Stielbereiche teilweise etwas zäh werden, dann verwenden wir nur die jungen Triebe.

GEWÖHNLICHER GIERSCH

AEROPODIUM PODAGRARIA L.

Der Giersch oder Geißfuß gehört zur Familie der Doldengewächse (Apiaceae).

HERKUNFT UND VERBREITUNG

Er ist in schattigen, feuchten Lagen in Laubwäldern, an Wald- und Wegesrändern und in Gärten sowie Grünanlagen zu Hause. Er wächst dort oft bodendeckend in großen Populationen und ist eine der am häufigsten zu findenden essbaren Wildpflanzen. Schon die Römer schätzten ihn als gehaltvolles und äußerst schmackhaftes Gemüse. Sie waren es auch, die ihn in unsere Breiten eingeführt haben.

ERKENNUNGSMERKMALE

Die mehrjährige Staude wird etwa 40 cm–100 cm hoch. Sie vermehrt sich über kräftige Wurzelausläufer. Eine einfache Faustregel, die mit der Zahl Drei zu tun hat, hilft bei der Bestimmung des Gierschs: Die Blätter sind dreiteilig verzweigt, die gezähnten Einzelblätter sind oft wiederum dreifach aufgeteilt oder zeigen zumindest eine Tendenz zur Dreiteilung, obwohl sie oft verwachsen sind. Die langen Blattstiele sind im Querschnitt dreieckig. Die jungen, noch nicht ganz geöffneten Blätter sind hellgrün und glänzend, dreht man sie auf den Kopf, erinnert ihre Form an Ziegenfüße, daher auch das Synonym „Geißfuß". Ältere Blätter sind matt und dunkelgrün.
Die Blattstiele haben an der Basis eine Hülle, ähnlich der des Rhabarbers, die meist rötlich-violett angelaufen ist. Der Blütenstängel ist gerade, gleichmäßig grün, hohl, rund und fein längsgerieft.
Die endständige aufrechte Blütendolde, die sich etwa von Mai bis September zeigt, besteht aus ca. 15–20 kleinen Einzeldolden, die kleine weiße Blüten ohne Hüllblätter tragen. Kratzt man mit dem Fingernagel ein wenig an der Außenhaut des Blatt- oder Blütenstieles, verströmt die Pflanze einen deutlichen Duft, der an Petersilie, Karotte und Sellerie erinnert. Ab ca. Anfang August bilden sich die flachen, länglichen ca. 2–3 mm großen Samen an der Dolde. Diese findet man bis ca. Anfang Oktober.

WICHTIGE INHALTSSTOFFE

Der Giersch ist eine wahre Mineral- und Vitaminbombe: Er enthält u. a. Magnesium, Calcium, Kalium, viel Vitamin C, Provitamin A und ätherisches Öl.

VERWENDUNG

Zudem ist er ein unglaublich ergiebiges und schmackhaftes Wildgemüse. Die noch glänzenden, jungen Blätter, einschließlich der Blattstiele, sind eine hervorragende Rohkost und Zutat für diverse Salate. Die älteren Blätter sind oft etwas zäh, man kann sie beispielsweise wie Spinat zubereiten.
Da der Giersch jedoch meist in Hülle und Fülle zu finden ist und ständig neu austreibt, sammeln wir auch für gegarte Gemüsegerichte aller Art oft nur die jüngsten und frischesten Teile. Gerne verwenden wir den Giersch auch für klassische Gerichte als Würzkraut wie Petersilie. Geeignet ist er für fast alles, zum Beispiel für Quark, Pesto, Suppen, Saucen, Pfannengerichte, Aufläufe oder als Presssaft zum Mischen mit Fruchtsäften. Er verleiht Tees einen würzigen, frischen Akzent. Die intensiv schmeckenden Samen sind frisch oder getrocknet ein tolles Gewürz. Die Blüten sind eine schöne essbare Dekoration, sie eignen sich aber auch sehr gut zum Einlegen oder Aromatisieren von Getränken und für die Herstellung von Sirup.

WICHTIGE HINWEISE

Vorsicht vor Verwechslung! Beim Umgang mit Doldenblütlern ist erhöhte Vorsicht geboten. Da es giftige Verwandte mit ähnlichem Erscheinungsbild gibt, sollte man zum Bestimmen stets mehrere Referenzwerke verwenden. Nur was man zu 100 % identifiziert hat, darf den Weg auf den Teller finden. Im Zweifelsfall sollte man die Pflanze stehen lassen und einen Experten zu Rate ziehen!

GEWÖHNLICHER GUNDERMANN, GUNDELREBE

GLECHOMA HEDERACEA L.

Gundermann gehört zur Familie der Lippenblütengewächse (Lamiaceae).

HERKUNFT UND VERBREITUNG

Der Gundermann hat sich fast überall in Europa angesiedelt und bevorzugt feuchte Wälder oder sumpfige Dickichte. Man kann sich aber nahezu sicher sein, dass man diese Pflanze auch an den schattigen und feuchten Plätzen in praktisch allen Gärten, Parks, Wiesen und Weiden finden wird.

In dem deutschen Gattungsnamen Gundermann steckt möglicherweise das gotische Wort „gund", was so viel wie Eiter oder Geschwür bedeutet. Die Pflanze wurde früher als Wundheilmittel gebraucht. Der volkstümliche Name „Soldatenpetersilie" aus dem Dreißigjährigen Krieg, verweist auf die Verwendung der Pflanze in Notzeiten als kostenloses Würzmittel.

ERKENNUNGSMERKMALE

Dieser ausdauernde Lippenblütler ist durch seine gegenständigen, nierenförmigen, gekerbten Blätter, die etwas behaart sind und glänzen, gut zu bestimmen. Seine Blätter sind leicht zu verwechseln mit den jungen Blättern der ebenfalls essbaren Knoblauchsrauke, die sich jedoch u. a. durch ihren Geruch und die Größe unterscheidet. Die Blätter des Gundermanns riechen stark herb-aromatisch, wenn man sie leicht zerreibt. Manch einer assoziiert den Geruch mit dem von Lammfleisch. Der Blütenstängel wächst kurz aufsteigend und legt sich nach dem Verblühen auf den Boden, um Wurzeln zu schlagen und als Kriechtrieb weiter zu wachsen. Die blauen bis violetten, selten weißen Blüten die in den Blattachsen wachsen, erscheinen in Scheinquirlen. Die Blütezeit umfasst die Monate Mai bis Juni.

WICHTIGE INHALTSSTOFFE

Der Gundermann enthält u. a. Bitterstoffe, Gerbstoffe, Saponine, ätherische Öle und Vitamin C.

VERWENDUNG

Innerlich findet der Gundermann Anwendung zur Schleimlösung und bei grippalen Infekten. Darüber hinaus lindert dieses Kraut u. a. Beschwerden des Magen-Darm-Traktes sowie der Blase und wirkt sich ausgleichend auf den Stoffwechsel aus.

Im Mittelalter wurde er in ganz Europa zur Behandlung von Wunden und Ekzemen eingesetzt.

Die frischen Blätter und Blüten lassen sich am besten zum Aromatisieren von Säften, Spirituosen, Wein, Bier oder Tees einsetzen. Auch zum Backen oder zum Kombinieren mit Schokolade eignet sich dieses Kraut hervorragend. Durch ihren würzigen und kräftigen Geschmack lassen sich die Blätter, frisch oder getrocknet, und die jungen Sprosse gut für Wildkräutersuppen, Kartoffelgerichte, Salate oder Quarkspeisen verwenden.

Wenn der Geschmack zu herb ist, kann man die Blätter in heißem Wasser ein paar Minuten ziehen lassen.

TIPP

Die frischen Blätter eignen sich sehr gut zur Herstellung eines Kräutersalzes oder eines leckeren Essigs.

GEWÖHNLICHER HOPFEN

HUMULUS LUPULUS L.

Der Hopfen gehört zur Familie der Hanfgewächse (Cannabaceae).

HERKUNFT UND VERBREITUNG

Der gewöhnlicher Hopfen ist in Mitteleuropa weit verbreitet. Man findet ihn in Auwäldern, an Waldrändern, Zäunen oder in Hecken und Gebüschen.
Der Name „Humulus Lupulus" verweist auf die enthaltenen Bitterstoffe Humulon und Lupulon.

ERKENNUNGSMERKMALE

Die Pflanze wächst als rechtswindende Liane, die bis zu 8 m hoch rankt. Die Blätter sind handförmig eingeschnitten, wie z. B. die des Ahorns oder der Platane und besonders auf der Unterseite an den Blattadern mit kleinen Widerhaken besetzt, die auch auf der Ranke sitzen. Die Blätter fühlen sich rau an. Die unscheinbaren, herunterhängenden, männlichen Blüten sind grün und bilden luftige Rispen. Die in der ganzen Welt wohlbekannten weiblichen Blüten, die als „Dolden" bezeichnet werden, sind hellgrün bis gelblich-weiß mit Grünstich. Sie sind zapfenförmig und geschuppt.
Der Hopfen ist eine sehr bekannte Kulturpflanze. Die Harze aus den weiblichen Blüten liefern die Würze für eines der weltweit wohl populärsten alkoholischen Getränke: Bier. Auch machen sie dieses haltbarer. Aus den Fasern der Pflanze lassen sich Textilien, wie Seile, Matten oder Säcke herstellen.

WICHTIGE INHALTSSTOFFE

Die „Hopfendolden" enthalten u. a. ätherische Öle, Harze und Bitterstoffe.

VERWENDUNG

Für die Küche eignen sich besonders die jungen Sprosse, wenn sie im April die Erdoberfläche durchbrechen, sowie die filigranen jungen Triebspitzen der Ranken. Die knackigen Sprosse sind als „Hopfenspargel" bekannt und können ebenso verwendet werden. Sie schmecken roh ähnlich wie Spinat mit einem leichten Beigeschmack ähnlich dem Kohlrabi. Sie eignen sich als Beigabe zu Salaten genauso wie z. B. als Pfannengemüse, das man kurz in Butter schwenkt. Das gilt auch für die zarten Triebspitzen älterer Pflanzenteile.

TIPP

Um die Triebspitzen zu ernten, greift man die letzten 20 cm einer Ranke mit Daumen und Zeigefinger und streicht mit leichtem Druck in Richtung Triebspitze. An der Stelle, ab der der Trieb noch nicht faserig ist, bricht er ab.
Aus den weiblichen Blüten kann man einen bekömmlichen und beruhigend wirkenden Teeaufguss herstellen.

GEWÖHNLICHER STEINKLEE

MELILOTUS OFFICINALIS (L.) LAM.

Der Gewöhnliche Steinklee, auch Gelber Steinklee, stammt aus der Familie der Schmetterlingsblütengewächse (Fabaceae).

HERKUNFT UND VERBREITUNG

Diese Pionierpflanze wächst an warmen, trockenen und sonnigen Standorten. So ist sie in der Regel an Bahndämmen, in Steinbrüchen und an Wegrändern zu finden.
Der Name Melilotus leitet sich aus der Kombination der griechischen Worte „meli" = Honig und „lotos" = Klee ab. Unter dem Namenszusatz „officinalis" werden die Pflanzen geführt, die medizinische Bedeutung haben.

ERKENNUNGSMERKMALE

Die ein- bis zweijährige krautige Pflanze ist leicht an ihren Blütentrauben zu erkennen und kann eine Höhe von bis zu 2 m erreichen. Die dreizählig gefiederten Blätter, die wechselständig stehen, erinnern an Klee. Die süßlich duftenden gelben Blüten hängen in Trauben am Blütenstiel, der eine Länge von bis zu 10 cm erreichen kann.
Die kleinen Früchte enthalten bis zu acht Samen.

WICHTIGE INHALTSSTOFFE

Der Steinklee enthält u. a. Cumarin und Flavonoide, ätherisches Öl, Saponine und Gerbstoffe.

VERWENDUNG

Steinklee wird äußerlich als Salbe, Pflaster oder Kräuterkissen bei Schwellungen, Entzündungen und Wunden verwendet. Als Tee oder Tinktur kann man das Kraut innerlich bei Bronchitis, Durchblutungsstörungen und Migräne einsetzen. Durch Trocknung der Pflanze entwickelt diese einen vanilleartigen Geruch, der dem des Waldmeisters sehr ähnlich ist.
In der Küche, in geringen Mengen eingesetzt, liefert der getrocknete Steinklee ein ideales Aroma für verschiedenste Speisen. Er eignet sich mit seiner vanilligen Note gut, um verschiedene Getränke, wie z. B. Bowlen, Weine, Spirituosen, Säfte oder Smoothies zu aromatisieren. Auch Milchspeisen und Gemüsegerichte bekommen durch ihn das besondere Etwas.
Die Blüten, in Öl eingelegt, sind eine schmackhafte Zugabe für Salatdressings, Desserts oder Tapas.
Kleine Mengen des Krautes können in Marmeladen, Chutneys oder Kompott mitgekocht werden.
Kraut und Wurzeln, die ab September gesammelt werden können, können getrocknet und pulverisiert als Gewürz gelagert werden.

BEMERKENSWERTES

Der Weiße Steinklee, der bis auf die Blütenfarbe aussieht wie der Gelbe Steinklee und genauso duftet, enthält weniger Wirkstoffe als der Gelbe Steinklee. Der Gelbe Steinklee wurde früher als Tabakersatz sowie als Anti-Mottenmittel genutzt.

WICHTIGE HINWEISE

Der im Steinklee enthaltene Stoff Cumarin war einer der ersten Parfümgrundstoffe.
Bei überhöhter Dosierung oder Nutzung der Pflanze kann es zu Kopfschmerzen kommen,
daher sollte man sehr sparsam mit ihr umgehen.

GEWÖHNLICHES HIRTENTÄSCHEL

CAPSELLA BURSA-PASTORIS L.

Das Gewöhnliche Hirtentäschel gehört zu den Kreuzblütengewächsen (Brassicaceae).

HERKUNFT UND VERBREITUNG

Man findet das Hirtentäschel auf Ruderalfluren, auf Äckern, in Gärten, an Wegrändern und an anderen sonnigen und nährstoffreichen Plätzen.
Der lateinische Name bursa pastoris bedeutet wörtlich „Tasche des Hirten". Der Name bezieht sich auf die herzförmigen kleinen Samenschoten, die Hirtentaschen ähneln.

ERKENNUNGSMERKMALE

Die Pflanze wird 10–50 cm groß und hat einen aufrechten Stängel.
Die Grundblätter sind rosettenartig angeordnet, schmal, länglich und gezähnt bis fiederspaltig, nur selten ganzrandig. Sie bildet Trauben von zahlreichen weißen Blüten, die zu den charakteristischen gestielten, abstehenden, herzförmigen bis dreieckigen kleinen Schoten werden, die die Samen beinhalten.
Das Gewöhnliche Hirtentäschel ist eine sehr anpassungsfähige Pflanze. Die Blüten besitzen keine Blühperiodizität. Das bedeutet, dass sie bei günstiger Witterung das ganze Jahr über blühen kann. Sie ist eines der hartnäckigsten Wildkräuter und pro Jahr sind bis zu vier Generationen möglich.

WICHTIGE INHALTSSTOFFE

Das Hirtentäschel enthält u. a. Vitamin C, Saponine, Kalium, Calcium, und Senföle.

VERWENDUNG

Die Blätter sind eine hervorragende, frische, leicht scharfe Salatzutat.
Die Blütenstände können zusammen mit dem weichen oberen Teil des Stängels als Zutat für Gemüsegerichte genutzt oder roh verzehrt werden. Die Samen des Hirtentäschels kann man als kresseartiges Gewürz oder einfach zum Naschen verwenden.

GEWÖHNLICHES SEIFENKRAUT

SAPONARIA OFFICINALIS L.

Das Gewöhnliche Seifenkraut gehört zur Familie der Nelkengewächse (Caryophyllaceae).

HERKUNFT UND VERBREITUNG

Das Gewöhnliche Seifenkraut wächst fast überall in Mitteleuropa. Seit der Jungsteinzeit ist die Pflanze ein Kulturbegleiter und gedeiht auf nährstoffreichen Kies-, Sand- und Steinböden an Kiesbänken, Flussufern, in Auwäldern, an Wegrändern und auf Schuttplätzen.
Der Inhaltsstoff Saponin (vom lat. „sapo" = Seife), der durch eine wässrige Lösung wie Seife schäumt, ist namensgebend für diese Pflanze.

ERKENNUNGSMERKMALE

Als eine ausdauernde Pflanze wird sie bis zu ca. 80 cm groß und bildet stark verzweigte Ausläufer, die sich zu kräftigen Rhizomen entwickeln. Die Basiswurzel ist bräunlich und rübenartig; der meist aufrecht stehende Stängel ist flaumig mit vielen spitz zulaufenden Blättern, die kreuzgegenständig angeordnet sind. Ein wesentliches Merkmal für diese Pflanze sind die hellrosa Blüten mit fünf Blütenblättern, die aus einer verwachsenen Kelchröhre wachsen. Das Gewöhnliche Seifenkraut blüht von Juni bis Oktober und erreicht ab September seine Fruchtreife.

WICHTIGE INHALTSSTOFFE

Die Hauptkomponenten sind Saponine und Flavonglykosid.

VERWENDUNG

Seifenkraut wurde wegen seiner waschaktiven Wirkung schon früher genutzt und bis zum Beginn des 20. Jahrhundert angebaut. Die Pflanze wurde aufgrund ihres Saponingehaltes auch zur äußerlichen Behandlung als Heilmittel geschätzt (bei innerlicher Anwendung sollte nur eine kleine Dosis verwendet werden, da die Saponine in größeren Mengen giftig sind). Wegen ihrer schäumenden Wirkung kann man die Pflanze als natürliches Shampoo oder Spülmittel verwenden. Dafür werden die Wurzeln, die eine große Konzentration an Saponinen enthalten, einfach in Wasser ausgekocht.

HUNDSROSE

ROSA CANINA L.

Die Hundsrose gehört zur Familie der Rosengewächse (Rosaceae).

HERKUNFT UND VERBREITUNG

Dieses Pioniergehölz ist in ganz Europa, mit Ausnahme der nördlichsten Gebiete, verbreitet. Die Hundsrose wächst gerne auf mäßig trockenen bis frischen Böden, kann sich aber auch anderen Bodenbegebenheiten anpassen. Zu finden ist sie auf Wiesen, an Wegrändern, in lichten Wäldern, Böschungen, Gärten und Parkanlagen.

ERKENNUNGSMERKMALE

Dieser sommergrüne, dornige Strauch wächst aufrecht und locker, bei einer Größe von bis zu 3 m. Die wechselständigen und ovalen Blätter sind in 3–7 Einzelblättchen gefiedert. Der Blattrand ist gezahnt. Die Zweige haben kräftige Stacheln und hängen meist in Bögen. Ihre rosafarbenen, fünfblättrigen Blüten verströmen einen angenehmen Geruch. Die rot- oder orangefarbenen Früchte, als Hagebutten bekannt, sind meist elliptisch bei einer gewissen Variabilität.

WICHTIGE INHALTSSTOFFE

Zu finden sind in der Pflanze u. a. ätherische Öle, Pektin, Gerbstoffe und Farbstoffe. Die Früchte haben einen hohen Vitamin C-Gehalt.

VERWENDUNG

Die jungen Blätter der Hundsrose können klein gehackt in Suppen oder zu Gemüsegerichten gegeben werden. Die Blüten können für unterschiedlichste Speisen als essbare Dekoration verwendet werden. Kandiert schmecken sie besonders aromatisch.

Die entkernten Früchte (Hagebutten) eignen sich gut für eine gesunde Konfitüre oder ein raffiniertes Chutney. Die getrockneten Früchte können pulverisiert und als säuerliches Gewürz verwendet werden; selbst gemachten Tees geben sie einen farbigen und gesunden Touch. Aus den gerösteten und zermahlenen Kernen kann ein aromatischer Kaffee gemacht werden. Die Erntezeit der Hagebutte beginnt Ende September bis Oktober.

GROSSE BRENNNESSEL

URTICA DIOICA L.

Die Große Brennnessel ist eine der wohl bekanntesten essbaren Wildpflanzen. Sie gehört zur Unterfamilie der Brennnesselgewächse (Urticaceae).

HERKUNFT UND VERBREITUNG

Die Brennnessel wächst in Wäldern sowie an Weg- und Feldrändern, auf Brachflächen, in Gärten, ja, sie ist im Grunden fast überall zu finden.

ERKENNUNGSMERKMALE

Die Große Brennnessel wird bis zu 1,5 m hoch, seltener bis zu 2 m. Ihr Stängel ist vierkantig und neigt im adulten Stadium zum Verholzen. Die starken, verholzten Fasern fungieren dabei als Außenskelett. Herzförmige Blätter die sehr scharf gezahnt und von feinen, spitzen Nesselzellen übersät sind, geben der Großen Brennnessel ihr charakteristisches Aussehen. Die sehr kleinen, unscheinbaren und traubenartig angeordneten Blüten besitzen vier Blütenblätter und sind weiß-gräulich gefärbt. Die grünen Samen der Pflanze sind ca. 1 mm groß, linsenförmig und ebenfalls traubenartig strukturiert. Bis zu 1 m tief reichen die kräftigen und vielfach verzweigten Wurzeln, die eine gelbliche Farbe besitzen. Die Große Brennnessel wächst gern auf stickstoffhaltigen Böden, ist sehr robust und an fast allen Standorten zu finden. Von vielen zum „Unkraut" degradiert, ist sie ein essentieller Bestandteil unseres Ökosystems, vor allem durch ihre symbiotische Verbindung mit vielen Insekten, insbesondere Faltern. Der kleine Fuchs beispielsweise, könnte ohne die Brennnessel nicht existieren.

WICHTIGE INHALTSSTOFFE

Die Brennnessel enthält u. a. Magnesium, Kalzium, Eisen, Kieselsäure und viele Vitamine.
Sie ist eine alte und sehr populäre Heilpflanze. So ist sie für ihren positiven Einfluss auf die Blutbildung bekannt, was auf ihren relativ hohen Eisengehalt zurückzuführen ist. Zudem wirkt sie harntreibend, weshalb sie oft für Entschlackungskuren verwendet wird.

VERWENDUNG

Kulinarisch ist die Brennnessel ein wahrer Alleskönner! Entgegen der landläufigen Meinung, man könne

daraus nur die altbekannte Brennnesselsuppe oder Tee herstellen, ist die Brennnessel ein unglaublich vielfältiges, schmackhaftes sowie gehaltvolles Wildgemüse: Ein Spinat aus blanchierten Brennnessel-Triebspitzen kann sich durchaus mit dem allseits beliebten Kulturspinat messen, sie übertrifft diesen geschmacklich und in punkto Nährwert sogar um ein Vielfaches. Als Gemüse ist die Brennnessel eine wertvolle Zutat für Pestos, Pasta, Aufläufe, Gebäck und vieles mehr.
Haltbar gemacht durch Trocknung oder Konservierung ist sie besonders gut geeignet, um nach einem kargen Winter den Mineralhaushalt wieder ins Gleichgewicht zu bringen.
Wir sammeln zumeist nur die jungen, zarten Triebspitzen zur Verarbeitung. Das hat zum einen den Vorteil, dass man nur beste und frischeste Qualität erhält, da die Spitzen der jüngste Teil der Pflanze sind, und zum anderen, dass die Gefahr der Kontaminierung, etwa durch Kot oder Urin minimiert wird. Die Samen der Brennnessel enthalten bis zu 10 % Eiweiß, sind also auch besonders im Rahmen einer fleischlosen Ernährung als Eiweißlieferant gut geeignet. Sie eignen sich getrocknet als Beigabe zu Müslis, Omelette und generell zum Backen, Garnieren und Verfeinern vieler Speisen.

Aus den Fasern der Brennnessel werden schon seit langer Zeit Textilien, zum Beispiel Nesselstoffe, hergestellt.
Eine mit Brennnesseln und Wasser angesetzte Jauche eignet sich, ganz zum Leidwesen der Chemiekonzerne, hervorragend als Schädlingsbekämpfungsmittel sowie ergiebiger Dünger.

Wie der Name schon sagt, kann die Brennnessel brennende Hautreizungen verursachen. Dies liegt an den, auf der gesamten Pflanze vor allem an den Blättern angesiedelten Nesselzellen, die diagonal nach oben von der Pflanze abstehen und bei Berührung den „Störenfried“ mittels einer subkutanen Injektion (unter die Haut) das in ihnen enthaltene Nesselgift verabreichen.
Es gibt verschiedene Strategien mit diesem Verteidigungsmechanismus der Pflanze umzugehen. Man kann natürlich beim Sammeln Handschuhe tragen, was auch viele tun.
Wir sammeln die Brennnessel ohne Handschuhe, dabei gibt es zwei Tricks, um die Verbrennungen möglichst gering zu halten:
Der erste Trick ist mechanischer Natur. Hierbei drücken wir beim Pflücken durch eine beherzte Zugriff-Aufwärts-Bewegung die Nesselzellen gegen den Stiel der Pflanze, wodurch die Spitzen der Nesselzellen gar nicht erst mit der Haut in Kontakt kommen.
Der zweite Trick hat mit der inneren Einstellung zu tun: Wir versuchen, den Brennnesselstich nicht als Schmerzreiz, sondern als wohliges Kribbeln zu begreifen. Die Nesselstiche wirken sich außerdem positiv auf die Durchblutung aus und beugen rheumatischen Erkrankungen vor.

INDISCHES SPRINGKRAUT

IMPATIENS GLANDULIFERA ROYLE

Das indische Springkraut, auch Drüsiges Springkraut oder Himalaya-Springkraut genannt, ist ein Vertreter aus der Familie der Balsaminengewächse (Balsaminaceae).

HERKUNFT UND VERBREITUNG

In unseren Breiten ist die Pflanze ein Neophyt: Die Pflanze ist, wie der deutsche Name schon verrät, ursprünglich auf dem indischen Subkontinent beheimatet und hat sich erst in jüngerer Zeit in unseren Breiten angesiedelt. In Europa gehört das Indische Springkraut schon seit dem 19. Jahrhundert fest zum Landschaftsbild, seit es als Zierpflanze eingeführt wurde.

ERKENNUNGSMERKMALE

Die bis zu 3 m hohe Pflanze aus der Familie der Balsaminengewächse fällt von Juni bis in den November hinein besonders durch ihre orchideenartig wirkenden und sehr intensiv süß und schwer duftenden, rötlich-rosa bis weißen Blüten auf. Auch die namensgebenden Samenkapseln, die ausgereift schon bei der kleinsten Berührung aufspringen und die kleinen Samen, die in Größe und Form Weintraubensamen ähneln, meterweit katapultieren, sind ein besonderes Erkennungsmerkmal der Pflanze. (Der lateinische Begriff „impatiens" bedeutet übersetzt „ungeduldig"). Die Blätter der Pflanze sind länglich, oval und glatt. Sie glänzen und laufen an den Enden spitz zu und ihre Außenränder sind scharf gezähnt. Die Blattnerven sind zumeist rosafarben.

Durch die sehr effiziente Fortpflanzungsstrategie in Verbindung mit dem sehr schnellen und kräftigen Wuchs, hat sich die dominante und hochgradig invasive Pflanze in vielen Regionen Europas sehr stark verbreitet, besonders in Uferregionen und an Wald-und Wegesrändern. Durch ihre überdurchschnittliche Nektarproduktion ist die Pflanze außerdem für zahlreiche Bestäuber, besonders Hummeln, attraktiver als viele heimische Arten. Dadurch stellt das Indische Springkraut für einige Wildpflanzen mit ähnlichen Standorten eine ernste Bedrohung dar. Besonders die Populationen des bei uns beheimateten Europäischen Springkrauts, das gelbblühend und erheblich kleinwüchsiger ist, werden durch das Indische Springkraut stark angegriffen. In manchen Regionen ist das Europäische Springkraut schon komplett von der Bildfläche verschwunden. Durch die in Relation zur Größe der Pflanze eher spärliche Bewurzelung ist das indische Springkraut, besonders in Uferregionen, nicht imstande den Boden ausreichend zu befestigen, was vielerorts zu verstärkter Bodenerosion führt.

VERWENDUNG

Nutzen für die Küche: Interessant für die Wildpflanzenküche sind die Samen und auch die aromatischen Blüten der Pflanze. Die ölhaltigen Samen können, je nach Reifegrad, weiß, braun oder schwarz sein. In jedem dieser Stadien können sie roh verzehrt werden. Sie sind äußerst delikat und ihr Geschmack ist zart-nussig mit einem blumig-süßen Akzent. Die Samen sind geeignet als Grundlage für Pestos, als Salattopping, für Brotaufstriche, zum Backen und Garnieren vieler Speisen, oder einfach als Snack für zwischendurch. Wer die Samen für den Verzehr beerntet, leistet außerdem einen aktiven Beitrag zum Naturschutz. Ein toller Trick für die Ernte der Samen ist es, über die reifen Kapseln vorsichtig einen Beutel zu stülpen und dann von außen zu dreschen. Danach kann man mit einem feinen Sieb die Samen von den grünen Pflanzenteilen, die mit im Beutel gelandet sind, trennen. Aus den Blüten lässt sich ein blumig-fruchtig schmeckender Sirup herstellen, den man beispielsweise mit Sekt oder Wasser aufgießen kann. Dieser Sirup eignet sich auch wunderbar zum Aromatisieren von Speiseeis oder Desserts und zum Abschmecken feiner Saucen. Ein Klassiker ist das aus den Blüten hergestellte Gelee.

WICHTIGE HINWEISE

Die krautigen Bestandteile des Indischen Springkrauts sind für die Wildpflanzenküche nicht zu gebrauchen, da sie eine abführende Wirkung haben.

Das Indische Springkraut bitte nicht selbst anbauen, es gibt wirklich schon genug davon und man muss meistens auch nicht lange suchen!

JAPANISCHER FLÜGEL-KNÖTERICH

FALLOPIA JAPONICA (HOUTT.) RONSE DECR.

Der Japanische Flügel- oder auch Staudenknöterich gehört zur Familie der Knöterichgewächse (Polygonaceae).

HERKUNFT UND VERBREITUNG

Ursprünglich stammt die Pflanze aus Ostasien, sie ist aber mittlerweile als Neophyt auch in Europa, Australien und Amerika anzutreffen.
Der Name „Flügelknöterich" ist wahrscheinlich auf die flügelartige Auffächerung der Nebenäste zurückzuführen.

ERKENNUNGSMERKMALE

Der Japanische Flügelknöterich ist sehr schnellwachsend und erreicht ausgewachsen eine Höhe von bis zu 3,5 m. Der Stängel ist glatt, rund, hohl und ähnlich wie z. B. Bambus segmentiert. Er ist grün und oft mit rötlich-violetten Sprenkeln besetzt. Die Blätter sind etwa handgroß und bauchig-oval bis herzförmig. Sie laufen am Blattende spitz zu. Der Blattansatz ist gerade. Die weißen Blüten stehen in ährigen Blütenständen am Stängelende und in den Blattachsen. Sie werden in der Blütezeit von Ende Juni bis Ende September wegen ihres reichen Nektargehaltes von vielen Insekten, darunter auch Honigbienen, angeflogen. Diese Pflanze ist, wie die meisten erfolgreichen Neophyten, äußerst invasiv. Ihre Rhizome breiten sich ca. 1 m pro Jahr aus, wodurch sie ohne Eingreifen des Menschen binnen weniger Jahre große Flächen einnehmen kann. Sie ist besonders häufig an Bach- und Flussufern, Wald- und Wegrändern sowie auf Brachflächen zu finden. Durch ihr sehr schnelles Wachstum und die Verschattung aufgrund der großen Blattoberflächen bedroht sie viele heimische Arten.

VERWENDUNG

In Asien wird Fallopia japonica als Gemüse angebaut. Gegessen werden vor allem die spargelartig aussehenden jungen Triebe der Pflanze. Sie werden geerntet, solange sie zart und noch nicht verholzt sind. Sie können sowohl roh, als auch auf vielerlei Weise weiterverarbeitet gegessen werden.
Die jungen, saftigen Triebe kann man von März bis ca. Ende April ernten. Sie schmecken intensiv rhabarberartig und sind sehr saftig und knackig. Man kann sie süß, aber auch pikant zubereiten. Wir nutzen die Triebe gerne für Desserts, Kompott, Kuchen und als zartes Pfannengemüse.

WICHTIGE HINWEISE

Man sollte bei der Ernte unbedingt darauf achten, dass die Pflanze nicht auf schadstoffbelastetem Gebiet steht (dies gilt natürlich prinzipiell für alle Pflanzen, die man für den Verzehr beerntet). Der Japanische Flügelknöterich nimmt nämlich in hohem Masse Schadstoffe, wie zum Beispiel Schwermetalle auf. Aufgrund dieser Eigenschaft wird er auch oft dazu verwendet, stark belastete Flächen zu dekontaminieren. Außerdem enthält er, besonders in den Blättern, die sogenannte Oxalsäure, die beispielsweise auch in Rhabarber, Sauerklee und Sauerampfer enthalten ist. Von übermäßigem Verzehr wird abgeraten, da die Oxalsäure in hoher Konzentration Nierenschädigungen herbeiführen können soll.

KANADISCHE GOLDRUTE

SOLIDAGO CANADENSIS L.

Die Kanadische Goldrute gehört zur Familie der Korbblütengewächse (Asteraceae).

HERKUNFT UND VERBREITUNG

Die Pflanze ist ein Neophyt. Ursprünglich aus Nordamerika als Zierpflanze eingebracht, hat sie sich in unseren Breiten schnell vermehrt und gehört mittlerweile fest zum Landschaftsbild. Man findet sie vor allem auf Schutt- und Geröllhalden, entlang von Eisenbahnlinien und Straßen, auf verlassenen Industrieflächen, in Auenwäldern und in Wohnsiedlungen. Sie ist meistens in größeren Gruppen anzutreffen, die sich über Ausläufer und Samen rasch ausbreiten.
Der Name „Goldrute" ist wirklich sehr bezeichnend, die ausladenden Rispen erkennt man schon von weitem an ihrer goldgelb leuchtenden Farbpracht.

ERKENNUNGSMERKMALE

Die Kanadische Goldrute wird bis zu etwa 2–2,5 m hoch. Ihr Stängel ist sehr robust und weist eine filigrane Behaarung auf. Die länglichen Blätter sind lanzettförmig, die Blattaußenränder sind fein gezähnt. Die kleinen Einzelblüten stehen in dichten Rispen zusammen. Die oberen Rispen stehen aufrecht, die unteren hängen über. Die kleinen Blütenkörbchen sind einseitswendig nach oben ausgerichtet. In der Mitte der Blütenkörbchen befinden sich kleine gelbe Röhrenblüten, die von den zungenförmigen äußeren Blütenblättern umrandet werden. Die Blüten verströmen einen süßlichen Duft. Die Blütezeit reicht von Ende Juli bis Oktober.

WICHTIGE INHALTSSTOFFE

Die Pflanze enthält u. a. Gerbsäure und ätherische Öle.

VERWENDUNG

Für die Küche ist die Kanadische Goldrute wirklich interessant. Man kann die jungen Triebspitzen vor der Blüte sammeln. Verarbeitet werden nur die Teile die weich und biegsam sind, da die übrigen Bereiche zu holzig sind. Geschält sind sie ein gutes Brat- und Backgemüse mit einem mild-würzigen, bohnenartigen Geschmack. Auch für Suppen und Eintöpfe kann man sie gut verwenden. Angebraten und mariniert sind sie eine tolle Vorspeise. Aus den goldgelben Blütenrispen kann man, frisch oder getrocknet, einen köstlichen Tee zubereiten, besonders süß-aromatisch schmeckt ein frisch zubereiteter Aufguss. Der Tee hat eine harntreibende und antiseptische Wirkung. Er wird u. a. bei Harnwegsinfektionen, Entzündungen im Mundraum oder im Rahmen von Entschlackungskuren eingesetzt.

WICHTIGE HINWEISE

Die Goldrute wächst oft an mit Schadstoffen kontaminierten Standorten. Wer sie für den Verzehr sammelt, sollte unbedingt darauf achten, dass sie nicht von einem solchen Ort stammt.

KORNEL-KIRSCHE

CORNUS MAS L.

Die Kornelkirsche ist ein Strauch aus der Familie der Hartriegelgewächse (Cornaceae).

HERKUNFT UND VERBREITUNG

Man findet die Kornelkirsche an Wald-, Feld- und Wegesrändern, in vielen Parks und in lichten Wäldern.

ERKENNUNGSMERKMALE

Sie erreicht Höhen von ca. 4–6 m. Das sehr harte aber flexible Holz der Kornelkirsche wurde schon in der griechischen Antike für die Herstellung von Speeren oder Bögen verwendet. Die ovalen, glatten, dunkelgrün glänzenden Blätter stehen sich auf den Ästen paarig gegenüber. Sie sind spitz zulaufend und die Hauptnerven verlaufen gekrümmt, etwa parallel zum glatten Außenrand. Die Blattunterseite ist matt und heller.
Den Abschluss eines Astes bildet stets ein Blattpaar, kein Einzelblatt.

Die Kornelkirsche fällt als Frühblüher schon im Februar durch ihre kleinen gelben Blüten auf, die um diese Zeit wie eine Rarität erscheinen. Die Blütezeit dauert bis in den April hinein. Danach bilden sich die langsam wachsenden und lange reifenden ovalen Früchte, die in ihrer Form und Größe Oliven ähneln. Die Kerne sind ebenfalls oval mit zwei spitz zulaufenden Enden. Während der Reifezeit, etwa von Juli bis Oktober, beginnt die Farbe der glatten, glänzenden Früchte erst vom Grünen ins Gelbliche zu gehen, danach röten sie langsam, bis sie im vollreifen Zustand, etwa ab September (die Reifezeit variiert nach Standort und Lichtsituation), dunkelrot werden. Vollreif werden sie leicht transparent und fallen bei der kleinsten Erschütterung ab.

VERWENDUNG

Im vollreifen Zustand kann man die sehr vitaminreichen Früchte direkt vom Strauch essen. Sie schmecken dann süß und haben einen köstliches, sehr eigenes fruchtiges Aroma. Dann eignen sie sich besonders gut für die Herstellung von Gelees und Konfitüren, Speiseeis, Likören, Fruchtsaucen, süß-pikanten Chutneys oder Trockenfrüchten. Vor der Reife, wenn die Früchte noch gelblich-grün oder gelb-rot bis hellrot sind,
haben die Früchte einen herb-säuerlichen Geschmack und hinterlassen beim Verzehr ein pelziges und zusammenziehendes Gefühl auf der Zunge. In diesem Zustand kann man sie gut z. B. in Salzlake, zusammen mit Kräutern und Gewürzen, herzhaft einlegen. So eingelegt kann man sie wie Oliven verwenden.
Das pelzige Gefühl verliert sich nach einer Lagerzeit von etwa drei Monaten.
Aus den Samen kann ein köstlicher koffeinfreier Röstkaffee mit malzigem Aroma hergestellt werden. Die Blätter und Blüten der Kornelkirsche sind für die Teezubereitung oder zum Aromatisieren anderer Getränke geeignet.

BEMERKENSWERTES

Die Flexibilität des Holzes kann man sich bei der Ernte zunutze machen: Erreicht man den oberen Teil eines gut tragenden Astes, so kann man ihn sehr weit herunterbiegen, ohne dass er bricht. Als Frühblüher ist die Kornelkirsche eine wichtige Bienenweide.

MEERRETTICH

ARMORACIA RUSTICANA (G.GAERTN., B.MEY. & SCHERB.)

Meerrettich gehört zur Familie der Kreuzblütler (Brassicaceae).

HERKUNFT UND VERBREITUNG

Diese ausdauernde Kreuzblütlerart ist in Ost- und Südeuropa heimisch und hat sich in den letzten 500 Jahren in Mitteleuropa ausgebreitet. Meist kultiviert findet man sie aber auch verwildert an Gewässern, auf feuchten Wiesen und an Wegrändern.

ERKENNUNGSMERKMALE

Der Meerrettich erreicht Wuchshöhen bis zu 120 cm und verträgt niedrige Temperaturen gut. Die weiß-gelbliche bis braune Wurzel geht bis zu 40 cm tief in die Erde und hat ein festes, weißes Wurzelfleisch.
Der Stängel ist kantig und wächst aufrecht. Die glänzenden, lanzettartigen Blätter werden bis zu 60 cm groß und wachsen direkt aus dem Wurzelkopf. Die Ränder sind gewellt und gekerbt. Auf den Blattflächen sind stark hervorstehende Nerven zu erkennen. Die weißen Kreuzblüten, die zwischen Mai und Juli zu blühen beginnen, wachsen in aufrechten Trauben. An den ausgereiften Fruchtstielen wachsen bis 6 mm lange Schoten, in denen sich braune und ovale Samen bilden.

WICHTIGE INHALTSSTOFFE

Meerrettich enthält unter anderem folgende Inhaltsstoffe: Senfölglykoside, Vitamin C, antibiotisch wirkende Stoffe und mehrere Mineralstoffe.

VERWENDUNG

Die Blätter des Meerrettichs lassen sich hervorragend als Zutat für Hummus, zu Eiergerichten, anderen Aufstrichen und in kleineren Mengen in Suppen verwenden. Klein gehackt geben sie z. B. selbst gemachtem Sushi eine scharfe Note. Die scharfe und aromatische Wurzel ist zerrieben auch eine gute Zutat für Mayonnaise, Frischkäse, Butter, Salate und Saucen.

WICHTIGE HINWEISE

Übermäßiger Verzehr kann verstärktes Harnbrennen bewirken. Einige essbare Ampferarten sehen dem Meerrettich ähnlich, sind aber weniger aromatisch und haben eine andere Blütenform- und farbe.

LÖWENZAHN

TARAXACUM OFFICINALE F. H. WIGG.

Löwenzahn gehört zur Familie der Korbblütengewächse (Astareceae).

HERKUNFT UND VERBREITUNG

Löwenzahn ist fast weltweit verbreitet und man findet ihn auf Wiesen, Wegrändern, Äckern und in Gärten.
Der deutsche Name „Löwenzahn" leitet sich von der Form seiner zahnartigen Blätter ab.
Der Ursprung des wissenschaftlichen Namens für den Löwenzahn „Taraxacum" geht vermutlich auf das griechische Wort „taraxis", was so viel wie „Unruhe" bedeutet, und „akos" für „Heilmittel" zurück.

ERKENNUNGSMERKMALE

Diese ausdauernde, krautige Pflanze erreicht eine Höhe von bis zu durchschnittlich 30 cm und ihre fleischigen Wurzeln, die bis zu 2 m in die Tiefe reichen, machen ihre Entfernung an Orten, an denen sie von manchen Menschen nicht gerne gesehen sind wie z. B. Gärten, nahezu unmöglich. Die zahnartigen, länglichen Blätter des Löwenzahns bilden eine Rosette und sein hohler Stiel, der glatt und blattlos ist, enthält einen weißen Milchsaft. Seine gelben Blüten, die im Frühjahr zu sprießen beginnen, locken zwar Bestäuber an, die der Löwenzahn jedoch für seine Fortpflanzung nicht benötigt. Die Samenbildung erfolgt durch einen asexuellen Prozess (Agamospermie). Die Blüten verwandeln sich schon nach kurzer Zeit in die bekannte „Pusteblume", welche die beschirmten Samen zur Fortpflanzung enthält, die mit dem Wind weitergetragen werden.

WICHTIGE INHALTSSTOFFE

Löwenzahn enthält u. a. Inulin, Cholin und eine hohe Konzentration an Kalium sowie verschiedene Bitterstoffe. Darüber hinaus ist er eine der besten natürlichen Quellen von Vitamin A, B, C, D, K und H. Weitere Inhaltsstoffe sind: Beta-Carotin, Eisen, Magnesium, Phosphor, Kalzium und Proteine. Somit ist der Löwenzahn ein unglaublich ergiebiger Vitamin- und Minerallieferant.

VERWENDUNG

Obwohl Löwenzahn in allen Teilen dieser Welt sowohl Kindern als auch Erwachsenen bekannt ist, sind seine vielfachen Anwendungs- und Verwendungsmöglichkeiten weitestgehend unbekannt.
Löwenzahn ist eine wichtige Quelle vieler Stoffe für die Medizin. So werden seine Wurzeln z. B. zur Senkung von Fieber, bei Diabetes, Durchfall und Gewichtsverlust eingesetzt. In China wird Löwenzahn seit Jahrhunderten bei Erkrankungen des Verdauungssystems, Entzündungen im Brustbereich bei Frauen, Blinddarmentzündungen und anderen Leiden eingesetzt.
In der Küche finden seine jungen Blätter im Frühsommer eine perfekte Verwendung für Salate, Smoothies oder gepresste Säfte. Die größeren Blätter sind ein köstliches Pfannengemüse und brillieren mit ihrer chicoreeartigen, edel-bitteren Note in etlichen Gemüsevariationen. Die noch geschlossen Knospen können wie Kapern eingelegt werden. Aus seinen gelben Blüten kann ein sehr schmackhaftes Gelee hergestellt werden, bekannt auch als „Löwenzahnhonig". Ebenso können die Blüten zu allen Arten von Gerichten als essbare Dekoration verwendet werden. Sie setzen außerdem einen schönen Farbakzent in selbst zusammengestellten Kräutertees. Die Stiele können, fein geschnitten, Salaten einen extravaganten Touch geben. Die Wurzeln kann man außerdem, wie jedes andere Gemüse kochen. Man kann sie allerdings auch rösten und mahlen, um einen gesunden, koffeinfreien Kaffee zuzubereiten.
Weitere Verwendung finden die Blüten, aus denen man ein lebendiges Gelb extrahieren kann, in der natürlichen Lebensmittelfärbung sowie in der Malerei.

BEMERKENSWERTES

Löwenzahn ist ein wichtiger Nahrungslieferant für Bienen und andere Insekten. Er kann auch das Wetter vorhersagen: Wenn die Sonne hoch steht und die Blüten sich schließen, kann man davon ausgehen, dass es regnen wird. Wenn die Blüten sich unter stürmisch grauem Himmel öffnen, kann man sicher sein, dass der Regen vorüberzieht. Man kann mit ihm sogar Musik machen: Dazu pflückt man vorsichtig den Blütenstängel und entfernt die Blüte, ohne dass der Stängel einreißt. Danach drückt man den ersten Zentimeter einer Seite des Stängels kurz zusammen, führt ihn mit der kompletten Druckstelle in den Mund und bläst hinein.

MOSCHUS-MALVE

MALVA MOSCHATA L.

Die Moschus-Malve gehört zur Familie der Malvengewächse (Malvaceae).

HERKUNFT UND VERBREITUNG

Die Moschus-Malve liebt nährstoffreiche Böden und ist oft an Feld- und Wegesrändern sowie auf naturbelassenen Wiesen in meist exponierter, sonniger Lage zu finden.

ERKENNUNGSMERKMALE

Die ausdauernde Pflanze wird etwa 30–80 cm groß. Die Laubblätter in der oberen Hälfte sind komplett handförmig eingeschnitten, zumeist in fünf Teile, wobei die einzelnen Abschnitte wiederum in symmetrische, schmale Abschnitte aufgefiedert sind.
Die unteren Blätter sind ebenfalls handförmig eingeteilt, jedoch nur zum Teil eingeschnitten. Die rosafarbenen Blüten, die vor der Entfaltung röhrenartig eingerollt sind, besitzen fünf etwa 2–3 cm lange Blütenblätter, auf denen eine feine rötlich-violette Linierung verläuft. Sie verströmen einen leicht moschusartigen Geruch. Blütezeit ist von Ende Juni bis in den September. Die flachen, runden, nussartigen Samen sind von einer Hülle umgeben.

WICHTIGE INHALTSSTOFFE

Die Moschus-Malve enthält u. a. Schleimstoffe und ist eine Eisen- und Kaliumquelle.

VERWENDUNG

Die jungen Blätter sind ein zartes, mildes Gemüse, das gut zu Suppen, Eintopfgerichten oder Gemüsefüllungen passt und dazu noch eine abbindende Wirkung hat. Auch für Salate sind die jungen Blätter gut geeignet. Die Samenfrüchte sind eine knackige Rohkost zum Knabbern. Man kann sie auch einlegen oder in allerlei pikante Gerichte geben.
Die Blätter und Blüten sind eine aromatische Teezutat, die Blüten außerdem attraktive Farbtupfer auf vielen Speisen.
Malven wirken u. a. lindernd bei Erkältungskrankheiten und ihnen wird eine aphrodisierende Wirkung zugeschrieben. Man kann alle europäischen Malvenarten gleich verwenden.

RAUE GÄNSEDISTEL

SONCHUS ASPER (L.) HILL

Die Raue Gänsedistel gehört zur Familie der Korbblütengewächse (Asteraceae).

HERKUNFT UND VERBREITUNG

Sie ist eine Pionierpflanze, die besonders oft auf nährstoffreichen Böden, Baugrundstücken oder als Kulturbegleiter auf landwirtschaftlich genutzten Flächen zu finden ist.

ERKENNUNGSMERKMALE

Sie erreicht eine Größe von bis zu 1 m. Der Stiel ist kantig und bis zu 2 cm dick. Er ist im Innern hohl und sondert bei Verletzung einen weißen Milchsaft ab. Die glänzenden, dunkelgrünen Blätter sind im Vergleich zu anderen Distelarten relativ zart und weich und an den gezähnten, breit ausgebuchteten Außenrändern mit, ebenfalls im Vergleich, relativ weichen Stacheln bewehrt. Die eingerollten Blattscheiden umschließen den Stiel der Pflanze wie eine Manschette. Die dunkelgrünen Blütenkörbchen sind bauchig geschwungen und etwa 1 cm lang. Die Zungenblätter der Blüten sind gelb. Die Gänsedistel blüht von Juni bis Oktober.

WICHTIGE INHALTSSTOFFE

Sie enthält u. a. Vitamin C, Bitterstoffe und Eisen.

VERWENDUNG

Die Gänsedistel ist ein äußerst köstliches Gemüse. Der Geschmack erinnert ein wenig an den der Artischocke. Die Stiele eignen sich sehr gut als Pfannengemüse. Wir schälen sie vor der Weiterverarbeitung, da die äußere Haut bei älteren Pflanzen manchmal etwas zähfaserig sein kann. Man kann sie auch roh verzehren, dann ist es ratsam, den Milchsaft auszuspülen, da dieser sehr bitter sein kann. Die Stiele lassen sich wunderbar mit anderen Gemüsen kombinieren, etwa in Eintöpfen, Suppen oder Aufläufen. Besonders gut passen sie zu mediterranen Tomatengerichten. Gleiches gilt auch für die Blätter. Bei ganz jungen Pflanzen kann man die Blätter, solange alle Teile noch ganz weich sind, komplett garen. Bei älteren Exemplaren schneidet man die Blattränder mit den Stacheln einfach vorher ab.
Der Milchsaft der Pflanze soll u. a. gegen Warzen und Entzündungen helfen.

PASTINAK

PASTINACA SATIVA (L.)

Pastinak gehört zur Familie der Doldenblütengewächse (Apiaceae).

HERKUNFT UND VERBREITUNG

Schon im Römischen Reich war der Pastinak einer der beliebtesten und wichtigsten Grundnahrungsmittel und wurde bis ins 18. Jahrhundert kultiviert. In Deutschland und Österreich wurde er im 19. Jahrhundert trotz seines höheren Nährstoffgehaltes durch die Kartoffel und Karotte weitestgehend verdrängt. Durch die heutige ökologische Landwirtschaft wird dem kultivierten Pastinak zunehmend mehr Aufmerksamkeit zuteil und er ist stellenweise sogar wieder erhältlich. Der wilde Pastinak wächst in den meisten Ländern Europas und ist vor allem auf trockenen, kalkhaltigen Böden zu finden. Wiesen, Wegränder und Steinbrüche, gerne in der Nähe von Brennnesseln, sind sein bevorzugter Lebensraum.
Der Name „Pastinaca" ist vom lat. pastus = Nahrung abgeleitet.

ERKENNUNGSMERKMALE

Der Pastinak ist ein zweijähriges Kraut aus der Familie der Doldenblütler und erreicht eine Größe von bis zu 120 cm. Er unterscheidet sich von anderen Doldengewächsen durch seine zusammengesetzten 7–20 Doldenstrahlen und die fehlenden Hüllblätter im Blü-

tenstand. Im ersten Lebensjahr entwickelt der Pastinak eine aromatische Speicherwurzel und einen kantigen, leicht behaarten Stängel. Die Blätter sind an der Oberseite unbehaart und glänzend. An der Unterseite sind sie weichhaarig und meistens gefiedert. Sie stehen paarweise mit zwei bis sieben dunkelgrünen, ovalen und ungleich scharf gesägten Blättchen. Ein wichtiges Unterscheidungsmerkmal zu anderen, giftigen Doldenblütlern ist, dass der Pastinak gelb und nicht weiß blüht und gröbere Blätter hat.
Die Blütezeit beginnt im zweiten Lebensjahr ab Juli und bringt intensiv gelbe Früchte hervor. Diese sind flach und linsenförmig.

WICHTIGE INHALTSSTOFFE

Zu den wichtigsten Inhaltsstoffen des Pastinak gehören u. a.: Inulin, ätherisches Öl, Furocumarine, Vitamin A, B und C und Mineralstoffe.

VERWENDUNG

Im ersten Lebensjahr des Pastinak kann man die aromatischen Wurzeln ab Herbst sammeln. Ihr Geschmack schwankt zwischen scharf und süß und lässt sich in geringeren Mengen wie die nah verwandte Karotte verwenden. Die Wurzel eignet sich auch ideal, um frische Aufstriche wie z. B. Hummus herzustellen oder – geraspelt – als nahrhafte Zutat zum Salat. Sie können den Pastinak auch mit anderen Wurzeln und Gemüsen mischen oder als Pfannengemüse verwenden. Wenn man eine weichere Konsistenz der Wurzel wünscht, empfiehlt es sich entweder, die Wurzeln nach dem ersten Frost zu sammeln oder in Salzwasser leicht abzukochen. Die jungen, würzigen Blätter, die vor der ersten Blüte gesammelt werden sollten, sind ideal für Suppen oder Gemüsegerichte. Gut gehackt sind sie auch eine leckere Zutat für Kräuterquark oder Kräuterbutter. Die Samen, die ein Aroma zwischen Dill und Kümmel haben, können, einmal getrocknet, zum Würzen von Salaten, Kartoffelgerichten und zum Aromatisieren von Getränken verwendet werden. Die Blüten lassen sich als essbare Dekoration verwenden.

WICHTIGE HINWEISE

Der Pastinak kann mit dem giftigen, gefleckten Schierling (conium maculatum) verwechselt werden, der aber beim Zerreiben der Blätter einen mäuseharnartigen Geruch entwickelt. Der Pastinak enthält Furocumarine und hat daher eine photosensibilisierende Wirkung, weshalb es sich empfiehlt, die Pflanze mit Feingefühl zu sammeln und Sonneneinstrahlung beim Sammeln und Verarbeiten zu vermeiden.

RUND-BLÄTTRIGE MINZE

MENTHA SUAVEOLENS EHRH.

Die Rundblättrige Minze gehört zur Familie der Lippenblütler (Lamiaceae).

HERKUNFT UND VERBREITUNG

Die Rundblättrige Minze liebt nährstoffreiche und feuchte Böden. Man findet sie oft an Gewässern, in Gräben oder an feuchten Wegrändern.

ERKENNUNGSMERKMALE

Die Rundblättrige Minze ist eine ausdauernde, krautige Pflanze, die ca. 30 bis 80 cm hoch wird. Sie bildet unterirdische Ausläufer aus. Der Stängel hat eine weiche, flaumige Behaarung. Die rundlichen Blätter sind kreuzweise gegenständig angeordnet. Sie sind an den Rändern gesägt und auf der Oberseite sehr runzelig. Sie weisen ebenfalls, besonders auf der Blattunterseite entlang der Äderung, eine flaumige Behaarung auf.
Die blattlosen, ährenartigen Blütenstände, die sich etwa von Ende Juni bis September zeigen, bilden den Abschluss des Stängels. Ihre Farbe variiert von violett bis hin zu weiß-rosa. Die Pflanze duftet stark aromatisch.

WICHTIGE INHALTSSTOFFE

Die Pflanze enthält vor allem ätherische Öle mit Mentholverbindungen und Gerbstoffe.

VERWENDUNG

Minze wird schon seit dem Altertum als Heil- und Gewürzpflanze genutzt. Die Rundblättrige Minze ist ein Juwel für die Küche:
Sie eignet sich frisch und getrocknet hervorragend für die Zubereitung von köstlichen, verdauungsfördernden, beruhigenden und krampflösenden Tees, vor allem verwenden wir sie aber als Zutat für Saucen und Marinaden. Frisch gehackt und mit etwas Yoghurt und Salz gemischt, erhält man eine köstliche Beigabe für Gemüsegerichte oder Gebäck.
Zusammen mit Öl, Salz und etwas Knoblauch lassen sich mit der Rundblättrigen Minze Gemüse oder Fleisch marinieren.
Auch frische Salate, zum Beispiel Tomatensalat oder auch Obstsalate, erhalten durch das Würzen mit Minze eine ganz besonders exotische und frische Note.
Besonders gerne geben wir auch bei der Zubereitung von Gelees und Marmeladen etwas Minze hinzu.

SCHMALBLÄTTRIGER DOPPELSAME (WILDE RAUKE)

DIPLOTAXIS TENUIFOLIA (L.) DC.

Der Schmalblättrige Doppelsame, auch bekannt als „Wilde Rauke" oder „Wilder Rucola", gehört der Familie der Kreuzblütengewächse (Brassicaceae) an.

HERKUNFT UND VERBREITUNG

Die ausdauernde krautige Pflanze stammt ursprünglich aus dem Mittelmeerraum und ist in Europa weit verbreitet. Sie liebt sonnige und warme Standorte und ist besonders oft in der Nähe von besiedelten Gebieten, auf Ödflächen, Halden, an Wegen und auch mitten in Städten, beispielsweise auf Mittelstreifen von Straßen, oder in Spalten an Hauswänden anzutreffen. Der Namensteil „Doppelsame" bezieht sich auf die zwei Reihen Samen, die in jeder Schote nebeneinander liegen.

ERKENNUNGSMERKMALE

Der Schmalblättrige Doppelsame wird bis zu etwa 60 cm hoch. Der aufrechte, verzweigte Stängel neigt in Bodennähe zum Verholzen. Die Grundblätter bilden keine erkennbare Blattrosette, daher ist es in einer größeren Gruppe der Pflanze nicht leicht, einzelne Exemplare zu unterscheiden. Die Laubblätter sind fiederspaltig, die einzelnen Blattabschnitte sind länglich, schmal und abgerundet, die oberen Blätter sind schmaler als die unteren. Die Blüten fallen von Mai bis Oktober durch ihre rapsähnliche, schwefelartig gelbe Farbe auf. Sie stehen endständig in schirmtraubigen Blütenständen. Die bis ca. 4 cm langen, dünnen Samenschötchen stehen unter den Blüten vom Stängel ab.

WICHTIGE INHALTSSTOFFE

Die Pflanze enthält u. a. Senfölglykoside.

VERWENDUNG

In der Küche kann man die Blätter, Blüten und Samen sehr gut verwenden: Insgesamt ist die Pflanze geschmacklich dem Kultur-Rucola sehr ähnlich, jedoch ungleich intensiver. Die senfartig scharfen Blätter eignen sich u. a. sehr gut für Salate, Pastasaucen, Kräuterquarks, Pestos, Gemüsefüllungen, zum Bestreuen von Pizzen und für vieles mehr.
Die Blüten und Knospen kann man als essbare Dekoration verwenden, sie sind aber auch geeignet zum Aromatisieren von Essig oder zum Einlegen. Die Samen sind ein vielseitig einsetzbares scharfes Gewürz. Aus ihnen lässt sich ein köstlich schmeckender Senf zubereiten.

SPITZ-WEGERICH

PLANTAGO LANCEOLATA L.

Spitzwegerich gehört zur Familie der Wegerichgewächse (Plantaginaceae).

HERKUNFT UND VERBREITUNG

Der Spitzwegerich ist bei uns in Mitteleuropa weit verbreitet und ist dabei, einen Siegeszug über den gesamten Globus abzuhalten.

ERKENNUNGSMERKMALE

Wie man aus dem deutschen Namen ableiten kann, ist der Spitzwegerich „spitz" und wächst gerne an Wegrändern. Er kann also auch in karger oder stark verdichteter Erde gedeihen, ist aber ansonsten ein typischer Vertreter der Wiesengesellschaften.
Die mehrjährige Pflanze ist in Mitteleuropa ganzjährig anzutreffen. Die widerstandsfähigen Blätter überstehen leichte Fröste und können sogar einige Zeit unter einer Schneedecke überdauern. Aufgrund ihrer flexiblen Struktur gedeiht die Pflanze auch nach starker mechanischer Krafteinwirkung gut weiter. Dies erklärt, warum sie sich besonders entlang von Wegen gerne verbreitet: Viele andere Pflanzen halten den ständigen Belastungen und Verletzungen durch z. B. Fahrzeuge viel schlechter stand. Somit entfällt an diesen Standorten der Konkurrenzdruck.
Die lanzettartigen Blätter des Spitzwegerichs sind längs gerieft, glattrandig und rosettenförmig angeordnet. Sie haben eine Länge von ca. 10–25 cm. Die Oberseite ist längs eingefurcht, auf der Unterseite treten die Blattnerven entsprechend deutlich hervor. An der Basis sind die Blätter oft rötlich-violett gefärbt. Der gerade, im Querschnitt sternförmige Stängel erreicht eine Wuchshöhe von bis zu ca. 40 cm und endet in einer zapfenartigen Knospe, aus denen sich von unten nach oben die gelblich-weißen Staubgefäße kreisförmig entfalten.
Der Spitzwegerich ist ein vielbeachtetes Objekt in der Malerei.

VERWENDUNG

Für die Küche ist der Spitzwegerich wegen seines etwas herben, pilzartigen Geschmacks außerordentlich interessant. Man kann ihn in die verschiedensten Gerichte integrieren. Gehackte Spitzwegerichblätter bereichern Gemüsepfannen, Saucen, Suppen und vieles mehr. Man kann sie auch mit Öl gemischt als Würzpaste verwenden.
Die Knospen eignen sich sehr gut zum Einlegen als eine Art Kapern, oder zur Herstellung einer „Pilzsauce ohne Pilze". Probieren Sie doch auch einmal frittierte Spitzwegerichblätter als Amuse-Bouche vor einem feinen Essen ... Ihre Gäste werden überrascht sein! Der Spitzwegerich ist eine altbekannte und vielbeachtete Heilpflanze. Er wird vor allem aufgrund seiner entzündungshemmenden und schleimfördernden Inhaltsstoffe verwendet. Mit Honig gesüßter Spitzwegerich-Tee wirkt bei Schleimhautendzündungen der oberen Atemwege.

BEMERKENSWERTES

Neben der innerlichen Anwendung hilft der Spitzwegerich auch äußerlich bei Hautreizungen, Entzündungen, Insektenstichen und kleineren Wunden. Bei Insektenstichen und allergischen Reaktionen kann man als Sofortmaßnahme einige Blätter frisch pflücken, zerkauen und auf die entsprechende Stelle auftragen. Gerade in Verbindung mit Enzymen aus dem Speichel soll der Spitzwegerich seine entzündungshemmende Wirkung am besten entfalten. Aus eigener Erfahrung wissen wir, dass die lindernde Wirkung schon nach wenigen Minuten einsetzt.

TOPINAMBUR

HELIANTHUS TUBEROSUS L.

Der Topinambur gehört zur Familie der Korbblütengewächse (Asteraceae).

HERKUNFT UND VERBREITUNG

Die ursprünglich aus Südamerika stammende, eng mit der Sonnenblume verwandte Pflanze wurde um 1600 vor allem als Zierpflanze nach Europa eingeführt und ist heute immer noch in vielen Gärten zu finden. Von Frankreich ausgehend begann man dann auch mit der landwirtschaftlichen Nutzung. Die Wurzelknollen sind ein gesundes und ergiebiges Grundnahrungsmittel. Seit dem 18. Jahrhundert wurde der Topinambur dann mehr und mehr von der noch ergiebigeren Kartoffel verdrängt. Heute erlebt dieses köstliche Gemüse eine Renaissance in der Küche. Mittlerweile findet man Topinambur oft verwildert an Flussufern und anderen nährstoffreichen Böden.

ERKENNUNGSMERKMALE

Die auffällige Pflanze wird durchschnittlich ca. 2,5 m hoch, kann aber auch Höhen von bis zu 4 m erreichen. Die im Vergleich zur Blüte großen, länglichen und spitz zulaufenden Blätter sind behaart und wechselständig um den aufrechten, holzigen und ebenfalls behaarten, unverzweigten Stiel angeordnet. Der Blattrand ist gezähnt.
Die leuchtend gelben Blüten haben glänzende Blütenblätter und einen Durchmesser von ca. 8–10 cm.
Topinamburpflanzen findet man oft in großen Gruppen und man erkennt sie aufgrund ihrer Größe und dem schlanken Wuchs schon aus der Ferne. Die meist rötlich-violetten, glänzenden Knollen hängen in einem Wurzelgeflecht und haben viele heraustretende „Augen", ähnlich wie Ingwerknollen. Sie sind im Schnitt etwas kleiner als Kartoffeln. Man kann sie von September bis in den März hinein ernten.

WICHTIGE INHALTSSTOFFE

Die Wurzelknollen sind sehr reich an Inulin, welches die Darmflora positiv beeinflusst und sie als Nahrung für Diabetiker interessant macht. Außerdem enthalten sie u. a. viel Eisen und Kalium.

VERWENDUNG

In der Küche nutzt man die stärkereichen Knollen genauso vielfältig wie Kartoffeln, die ein ähnliches Kochverhalten und eine ähnliche Textur aufweisen. Der Geschmack der Topinambur Knollen ist süßlich mit blumigem Akzent. Sie eignen sich für Suppen und Salate, zum Einmachen, als Kochgemüse, aber auch sehr gut für Aufläufe oder Pfannengerichte.

WICHTIGE HINWEISE

Man kann die Knolle roh essen, wobei zu erwähnen ist, dass sie so bei vielen Menschen besonders starke Blähungen verursachen kann.
Idealerweise sollte man nur so viele Knollen ernten, wie man für den direkten Verbrauch benötigt, da sie sich nicht gut lagern lassen. Hat man doch mehr als man gerade verwenden kann, schlägt man sie am besten in ein feuchtes Tuch ein, und deponiert sie draußen an einem kühlen und lichtgeschützten Ort.

WEISSE TAUBNESSEL

LAMIUM ALBUM L.

Diese mehrjährige Staude gehört zur Familie der Lippenblütler (Lamiaceae). Die Ähnlichkeit mit der Brennnessel, und die fehlende, brennende Reizwirkung haben ihr den Namen „Taubnessel" eingebracht.

HERKUNFT UND VERBREITUNG

Die Weiße Taubnessel wird zwischen 20–50 cm hoch und bevorzugt nährstoffreiche Böden. Man findet sie oft in Gruppen in Gärten, Gräben, an Wald- und Wegrändern sowie in Gebüschen.

ERKENNUNGSMERKMALE

Von ihrem vierkantigen Stängel stehen die gesägten und gestielten Laubblätter kreuzgegenständig ab. Die Blätter sind behaart und dreieckig-herzförmig, ähnlich wie die der Brennnessel. Im Mai entwickeln sich die aromatisch süß duftenden weißen Lippenblüten, die bis in den September hinein anzutreffen sind. Sie sind quirlig angeordnet und wahre „Bonbons der Wildnis". Man kann sie am unteren Ende aufbeißen und aussaugen, um so in den Genuss ihres honigartigen Nektars zu kommen. Es sei denn, eine Hummel oder Biene ist einem zuvor gekommen. Was leicht passieren kann, denn die besondere Süße ist auch bei diesen Insekten äußerst beliebt. Dies macht die Weiße Taubnessel zu einer hervorragenden Pflanze für naturnahe Gärten.

WICHTIGE INHALTSSTOFFE

Die Pflanze enthält viele Mineralien und Vitamine.

VERWENDUNG

Die beste Sammelzeit ist von März bis Mai und von September bis Oktober. Die Blätter, Triebe und auch die Wurzeln der Taubnessel haben einen mild-würzigen, pilzartigen Geschmack. Zart und jung eignen sie sich hervorragend für Salate. Blanchiert oder leicht angedünstet passen Sie zum Beispiel gut zu Fischgerichten oder Eierspeisen und geben Suppen eine besondere Note. Weiterhin kann man die Blätter und zarten Triebe der Pflanze gut zu Kräuterölen, Pesto, Saucen und Kräuterbutter verarbeiten. Ihre süßen Blüten eignen sich nicht nur zur essbaren Dekoration von Wildsalaten, sondern für jegliche Art von Süßspeisen sowie zum Aromatisieren von Getränken. Die Taubnessel ist auch ein wohlschmeckendes Teekraut. Alle anderen Taubnesseln unserer Breiten sind ebenfalls essbar und ähnlich verwendbar.

WEISSER GÄNSEFUSS

CHENOPODIUM ALBUM L.

Der Weiße Gänsefuß gehört zur Familie der Gänsefußgewächse (Chenopodiaceae). Er wird auch als Weiße Melde bezeichnet.

HERKUNFT UND VERBREITUNG

Die bis zu 1,5 m hohe Pflanze ist ein typisches Ackerbeikraut. Sie wächst als kulturbegleitende Pionierpflanze überall dort, wo Erde bewegt wird: In Gärten, auf Baustellen, Feldern oder Aufschüttungen.

ERKENNUNGSMERKMALE

Der Stängel ist längs gefurcht und oft etwas rotstichig. Die Blätter sind mit einem Mehlstaub überzogen, die Unterseite ist heller als die Oberseite. Die Blätter haben verschiedene Formen, von oval bis rautenförmig, teilweise grob oder feiner gezähnt, wobei die Zacken oft abgerundet sind. Sie laufen immer spitz zu. Die rispenartigen Blütenstände, die von Ende Juni bis in den September erscheinen, sind grün-weißlich, knollenartig und kompakt. Sie sitzen in den Blattachsen und Triebspitzen. Im reifen Zustand sieht man an der Oberfläche der kleinen Blütenknöllchen die schwarz glänzenden, runden Samen.

WICHTIGE INHALTSSTOFFE

Die Pflanze enthält u. a. Saponine und Oxalsäure und ist reich an Vitaminen, Mineralien und Eiweiß.

VERWENDUNG

In der Wildpflanzenküche ist der Weiße Gänsefuß vielseitig einsetzbar: Die jungen, weichen Triebspitzen und Blätter haben ein mild-nussiges, mangoldartiges, manchmal fein säuerliches Aroma und bereichern z. B. Salate, Gemüsepfannen, Eierspeisen sowie Aufläufe, Eintöpfe oder Tortillas. Bei manchen Menschen hinterlässt der Weiße Gänsefuß einen stumpfen, länger anhaltenden Nachgeschmack. Ebenso schwankt der Bitterstoffgehalt der Pflanze individuell: von mild bis sehr herb-bitter. Junge Pflanzen sind tendenziell milder.
Die knospigen Blütenstände geben ebenfalls ein tolles Koch-, Brat- oder Backgemüse ab. Aus den getrockneten Samen kann man ein Mehl gewinnen, das beispielsweise zum Andicken von Saucen oder zum Backen verwendet werden kann.

WICHTIGE HINWEISE

Wegen des Gehaltes an Saponinen und Oxalsäure sollte man den Weißen Gänsefuß nicht übermäßig verzehren. Verwechseln kann man die Pflanze nur mit verwandten, ebenfalls essbaren Arten.

WIESEN-BÄRENKLAU

HERAKLEUM SPHONDYLIUM L.

Der Wiesen-Bärenklau gehört zur Familie der Doldenblütengewächse (Apiaceae) und ist einer unserer absoluten Kräuterfavoriten.

HERKUNFT UND VERBREITUNG

Der Wiesen-Bärenklau ist ein typischer Vertreter nährstoffreicher Wiesen, man findet ihn aber auch an Feld- und Waldrändern.

ERKENNUNGSMERKMALE

Durch seine oft imposante Größe von bis zu 2,5 m hebt sich der Wiesen-Bärenklau deutlich von fast allen seiner verwandten Arten ab. Sein längs geriefter, kantiger Stängel ist zumeist stark behaart. Die Blattstängel sind oft sehr kräftig und saftig, sie erinnern optisch ein wenig an Staudensellerie. Sie weisen an der Innenseite eine U-förmige Rinne auf. Diese dient dem Wassertransport ins Zentrum der Pflanze. Die großen Fiederblätter des Wiesen-Bärenklaus erinnern, daher auch der deutsche Name, mit ein wenig Phantasie an behaarte Bärentatzen oder -Klauen. Sie sind drei bis vierfach aufgefiedert und den Abschluss bildet ein Einzelblatt, das größer ist, als die anderen Fiederblätter. Die Blütendolden haben einen Durchmesser von bis zu ca. 20–25 cm. Die stark duftenden Blüten werden von den unterschiedlichsten Insekten bevölkert (Wildbienen, Käfer, Fliegen etc.).

VERWENDUNG

Der Wiesen-Bärenklau ist ein besonders schmackhaftes und gehaltvolles Wildgemüse. Trotzdem ist beim Hantieren mit der Pflanze Vorsicht geboten: Der Saft kann nämlich bei Kontakt mit der Haut in Verbindung mit Sonnenlichteinstrahlung sogenannte phototoxische Hautreaktionen hervorrufen. Bei diesen verbrennungsartigen Rötungen und Schwellungen der Haut spricht man von „Wiesendermatitis". Dies liegt an den in der Pflanze enthaltenen Furanocumarinen. Besonders hoch ist die Konzentration in den unreifen Samen. Menschen mit empfindlicher Haut sollten bei der Verarbeitung Handschuhe tragen.
Wir schätzen den Wiesen-Bärenklau als schmackhaftes und sehr vielseitiges Wildgemüse, das sehr reich an Vitaminen, Mineralien, ätherischen Ölen und Aromen ist. Er ist sowohl als Rohkost als auch für die Garküche außerordentlich interessant. Der Blütenstiel erinnert geschmacklich an besonders süße Karotten und ist bestens für Salate geeignet. Die Blätter schmecken gegart ähnlich wie Grünkohl und lassen sich ebenso verwenden. Die Blattstiele schmecken wie eine Mischung aus Knollenfenchel und Staudensellerie. Dazu gesellt sich ein ganz spezielles Aroma, das man eigentlich nur mit „Wiesen-Bärenklau" bezeichnen kann. Eine ganz besondere Delikatesse sind auch die Blatt- und Blütenknospen der Pflanze. Sie werden von uns meist gebraten oder gebacken zu Antipasti verarbeitet, oder als Bestandteil von diversen Pfannengerichten verwendet. Die noch nicht ganz geöffnete Vorblüte hat eine brokkoliartige Textur und schmeckt ebenfalls hervorragend. Auch die Samen sind geschmacklich sehr interessant. Sie entfalten zitrus- und korianderartige Aromen. Wir verwenden die Samen geröstet und geschrotet auch als Gewürz, zum Beispiel für Tomatengerichte oder Chutneys.

WICHTIGE HINWEISE

Der Wiesen-Bärenklau kann mit seinem Verwandten, dem kaukasischen Riesenbärenklau verwechselt werden, der aber beträchtlich größer ist. Die phototoxische Wirkung des Riesenbärenklaus ist so stark, dass der Kontakt mit dem Pflanzensaft schwere Verbrennungen verursachen kann.

WIESEN-SCHAUMKRAUT

CARDAMINE PRATENSIS AGG.

Das Wiesen-Schaumkraut gehört zur Familie der Kreuzblütengewächse (Brassicaceae).

HERKUNFT UND VERBREITUNG

Die von April bis Juli hellrosa blühende Pflanze ist besonders in Feuchtwiesen und Auen anzutreffen. Sie tritt oft in großen Gruppen auf, wobei die Vielzahl von Blüten auf die Entfernung wie eine Schaumschicht anmutet, was wohl die treffende Namensgebung erklärt.
In Mitteleuropa ist das Wiesen-Schaumkraut weit verbreitet.

ERKENNUNGSMERKMALE

Die Grundblätter sind rundlich gefiedert und bilden eine Rosette. Sie bestehen oft aus jeweils drei oder vier Blattpaaren (es können jedoch auch mehr sein), den Abschluss bildet ein oft etwas größeres einzelnes Endblatt. Die Blätter, die am Stängel ansetzen, sind ebenso aufgebaut, fallen aber deutlich schmaler aus und laufen spitzer zu. Das Wiesen-Schaumkraut wird ca. 20–40 cm hoch. Der Stängel der Pflanze ist im Querschnitt rund und bei älteren Exemplaren hohl.
Die Blüten stehen traubig angeordnet am Stängelende, oft bilden sich in den oberen Blattachsen zusätzlich kleinere Blütenstängel mit kleineren Blütentrauben. Es öffnen sich stets die äußeren, reiferen Knospen, während sich in der Mitte der Traube neue bilden.
Die vier kreuzförmig angeordneten Blütenblätter der Einzelblüten sind fein geädert. Das Farbspektrum reicht von weiß (selten) über rosa bis dunkel-rosa. Die grünen Kelchblätter sind kleiner als die Blütenblätter. Die Blüten haben gelbe Staubbeutel. Unter den Blütenständen bilden sich an Einzelstielen kleine, längliche Schoten, in denen die Samen reifen.

WICHTIGE INHALTSSTOFFE

Das Wiesen-Schaumkraut enthält Bitterstoffe, Senfölglykoside und viel Vitamin C.

VERWENDUNG

Der Grundgeschmack der Pflanze ist kresseartig scharf. Man kann die Blätter, den Stiel, die Blüten, die Knospen und die Samen verwenden. All diese Teile eignen sich sehr gut als Zutat für Salate, als Brotbelag, zum Würzen von Frischkäse oder Quark. Die scharfen kleinen Samen kann man als Gewürz oder zur Herstellung von Senf verwenden. Man kann sie auch das ganze Jahr über wie Kresse als köstliche Keimsaat in der Wohnung ansetzen.

WIESEN-SAUERAMPFER

RUMEX ACETOSA L.

Der Wiesen-Sauerampfer gehört zur Familie der Knöterichgewächse (Polygonaceae).

HERKUNFT UND VERBREITUNG

Er wächst auf feuchten, nähr- und stickstoffreichen Böden und ist in der Regel auf Wiesen und in Gebüschen zu finden.

Seinen deutschen Namen erhielt der Sauerampfer aufgrund seines sauren Geschmacks. „Ampfer“ bedeutet im Mittelhochdeutschen ebenfalls „der Saure“. Auf die saure Eigenschaft wird im Namen also gleich doppelt verwiesen.

ERKENNUNGSMERKMALE

Der Stängel des mehrjährigen Sauerampfers ist aufrecht und geriffelt, bei einer Höhe von bis zu 1 m. In der Regel ist der Stängel etwas rötlich gefärbt. Ein wichtiges Merkmal sind die langstieligen, pfeilförmigen Blätter, die grasgrün und leicht fleischig sind. Charakteristisch für die Blätter sind die zwei nach hinten gerichteten Spitzen. Die kleinen, rötlich-grünen Blüten die in Blütenständen zusammenstehen, sind schon aus großer Entfernung zu erkennen.

WICHTIGE INHALTSSTOFFE

Sauerampfer enthält viel Vitamin C, Eisen, Eiweiße, Flavonoide, Gerbstoffe und Oxalsäure, die allerdings in größeren Mengen leicht giftig ist. Durch Kochen baut sich die Oxalsäure jedoch ab, sodass der Sauerampfer gekocht verträglicher ist, als roh.

VERWENDUNG

Schon in der Antike haben die Ägypter, Griechen und Römer den Sauerampfer nach übermäßigem Fettkonsum eingesetzt. Im Mittelalter fand die Pflanze ihre Verwendung als fiebersenkendes und Vitaminmangel ausgleichendes Mittel. In der Küche gibt der Sauerampfer durch seinen angenehmen, sauren Geschmack Salaten eine exquisite Note. In vielen europäischen Ländern ist er eine wichtige Zutat für Suppen und Saucen. Für eine milde Geschmacksnote empfiehlt es sich, die jungen, frischen Blätter zu verwenden, die vor der Blütezeit gesammelt werden können. Als Gewürz rundet der Sauerampfer viele Gemüse- und Fleischgerichte ab.

Vermeiden Sie jedoch nach Möglichkeit das Kochen in eisernen Töpfen, da er dann einen metallischen Geschmack annimmt. Die Blätter liefern zum Färben einen gelb-grünen Farbton, aus den Wurzeln kann eine rötliche Farbe gewonnen werden. Die Samen kann man zur Teezubereitung nutzen oder zu Mehl verarbeiten.

TIPP

Auf längeren Wanderungen können sie zur Kühlung von Kopf und Nacken ein Sauerampferblatt zur Erfrischung auflegen. Leicht zerriebene Blätter können durch Auflegen auf die betroffene Stelle als schmerzlinderndes Mittel bei Wespen- und Bienenstichen und anderen Hautreizungen eingesetzt werden.

BEMERKENSWERTES

Der Wiesen-Sauerampfer dient als Futterpflanze für Raupen des Violetten Feuerfalters, des Braunen Feuerfalters, des Kleinen Feuerfalters und des Dukatenfalters.

WICHTIGE HINWEISE

Aufgrund seines hohen Gehaltes an Oxalsäure sollten Sie Sauerampfer ungekocht nur in kleineren Mengen verbrauchen. Eine Oxalsäure-Vergiftung kann eine Reizung des Magen-Darm-Trakts und Nierenprobleme verursachen. Die Brühe, die beim Kochen entsteht, sollte ebenfalls nicht verwendet werden.

WILDE MÖHRE

DAUCUS CAROTA SUBSP. CAROTA L.

Die Wilde Möhre gehört zur Familie der Doldenblütler (Apiaceae).

HERKUNFT UND VERBREITUNG

Diese Pionierpflanze ist weltweit verbreitet. Sie wächst an Wegrändern, auf Wiesen, Ruderalflächen, in Magerrasen und Fettwiesen und teilweise im Wald.

ERKENNUNGSMERKMALE

Der zweijährige Doldenblütler mit behaarten Stängeln wächst bis zu einer Größe von 120 cm. Die Wurzelrübe ist gelb-weiß und erreicht eine Tiefe von bis zu 80 cm.
Die Blätter der Wilden Möhre sind zwei- bis vierfach gefiedert und spitzdreieckig. Ein sehr wichtiges Merkmal der Pflanze ist die sich im Zentrum der weißen Blütendolde befindliche schwarz-purpurne Einzelblüte. Die Hüllblätter sind sehr lang und feingliedrig. Zur Fruchtreife zwischen Juli und September ziehen sich die Doldenstrahlen nestartig zusammen und bilden stachelige, borstig-behaarte Früchte.

WICHTIGE INHALTSSTOFFE

Die Wilde Möhre enthält u. a.: ätherische Öle, Flavonoide, Carotatoxin, Mineralstoffe, Provitamin A, Vitamin B1, B2, C und Pektine.

VERWENDUNG

Die Wurzel, deren Geschmack leicht süßlicher als der der Karotte ist, kann ab Herbst bis ins Frühjahr des folgenden Jahres geerntet werden. Sie eignet sich gut für Suppen, als Pfannengemüse oder geraspelt über Salaten. Die zarten Blätter sind roh für Salate oder Aufstriche eine leckere Zutat; gekocht passen sie zu Gemüsegerichten, Suppen, Quarkspeisen und Butter.
Von Juni bis September kann man die Blüten als essbare Dekoration verwenden.
Die Samen sind ein frisches aromatisches Gewürz und verleihen z. B. Gemüsegerichten oder Eintöpfen eine besondere Note. Getrocknet und zermahlen lassen sie sich mit anderen Gewürzen kombinieren. In der ayurvedischen Küche kann man sie genauso verwenden wie Ajwainsamen. Auch Likören, Backwaren und anderen Speisen geben sie einen leicht anis-/petersilienartigen Geschmack. Beim Räuchern verteilen sie einen wohltuenden Geruch.

WICHTIGE HINWEISE

Die Wilde Möhre kann mit anderen giftigen Doldenblütlern, wie z. B. dem Gefleckten Schierling oder der Hundspetersilie verwechselt werden. Wichtige Merkmale der Wilden Möhre sind der schwarz-purpurne Punkt in der Mitte der Dolde, die langen Hüllblätter, der behaarte Stängel und der angenehme Geruch, der an Möhre und Petersilie erinnert.

WEITERFÜHRENDE LITERATUR

Storl, Wolf-Dieter: Wandernde Pflanzen; AT Verlag, Aarau und München 2012

Helm, Eve Marie: Feld-, Wald- und Wiesenkochbuch; Wilhelm Heyne Verlag, München 2005

Rothmaler, Werner: Exkursionsflora von Deutschland – Gefäßpflanzen Atlasband; Springer Spektrum Akademischer Verlag, Heidelberg und Berlin 2013

Schauenberg, Paul und Paris, Ferdinand: Heilpflanzen Erkennen – Anwenden, BLV Bestimmungsbuch; BLV Verlagsgesellschaft München, Bern, Wien 1978

Völkel, Ulrich: Heimische Pflanzen – Geheimnisvolle Namen, Heilwirkung und Mythos, Teil 1: Blumen und Kräuter; Rhino Verlag, Ilmenau 2010

Becker, Peter: Neophyten zur Nahrung; NewTritionInk 2013

Lüder, Rita: Grundkurs Pflanzenbestimmung; Quelle & Meyer Verlag GmbH & Co, Wiebelsheim 2013

Lüder, Rita: Wildpflanzen zum Genießen; Kreativpinsel Verlag, Neustadt 2012

Burckhardt, Coco: Erste Hilfe mit frischen Wildpflanzen; Eugen Ulmer KG, Stuttgart 2016

Lad, Vasant und Frawley David: Die Ayurveda Pflanzen-Heilkunden, Der Yoga der Kräuter; Windpferd Verlagsgesellschaft mbH, Oberstdorf 2013

Kinkele, Thomas: Räucherstoffe und Räucherrituale; Windpferd Verlagsgesellschaft mbH Oberstdorf 2012

Spohn Margot und Spohn Roland: Blumen und ihre Bewohner; Haupt Verlag, Bern 2015

Arendt, Helena: Werkstatt Pflanzenfarben; AT Verlag, Baden und München 2013

Rätsch, Christian: Räucherstoffe. Der Atem des Drachen; AT Verlag, Aarau 2006

Nentwig, Wolfgang: Unheimliche Eroberer. Invasive Pflanzen und Tiere in Europa; Haupt Verlag, 2011

Fleischhauer, Steffen Guido/Guthmann, Jürgen/Spiegelberger, Roland: Essbare Wildpflanzen · 200 Arten bestimmen und verwenden: AT Verlag, 2015

IMPRESSUM

HEEL Verlag GmbH
Gut Pottscheidt
53639 Königswinter
Tel.: 02223 9230-0
Fax: 02223 9230-13
E-Mail: info@heel-verlag.de
Internet: www.heel-verlag.de

2. Auflage 2020

Autoren: Daniel Baer, Diego Gardón

Fotos: Tilman Peschel
Mit Ausnahme von © fotolia:
srckomkrit (Hintergrund Innenteil + Titel), m_e_l (27), Kamimi (19), marinavorona (24), Epine (Titel, 1, 25, 34), viktorijareut (29), ERNEST (31), Karin Jähne (34, 75), Anne Mathiasz (2, 42), Maria Brzostowska (102).

Lektorat: Christine Birnbaum, Hannah Kwella

Satz und Gestaltung:
Christine Mertens, Königswinter

Coverdesign: Ralph Handmann,
Christine Mertens, Königswinter

Printed in Latvia

ISBN: 978-3-95843-477-6

DIEGO MAXIMILIANO GARDÓN,
geboren 1973 in Argentinien, ist ausgebildeter Kräuterpädagoge und Ayurveda Koch, Künstler und Designer. Seit der Gründung von „Kräuterkauz" (2012) leitet er zusammen mit Daniel Baer Seminare und Workshops zum Thema Essbare Wildpflanzen.

DANIEL BAER,
geboren 1978, ist Kräuterpädagoge, Koch, Künstler und Musiker. Seit der Gründung von „Kräuterkauz" (2012) leitet er zusammen mit Diego Gardón Seminare und Workshops zum Thema Essbare Wildpflanzen.